Come Controllare L'ansia E Gli Attacchi Di Panico:

I Segreti Efficaci Per Tornare Ad Essere Te Stesso E Goderti La Tua Vita Tranquillamente.

Come Calmare L'angoscia, I Sintomi E Gli Attacchi D'ansia.

Ronna Browning

Attenzione:

Questo libro è stato scritto a scopo esclusivamente informativo. Non rappresenta un sostituto di diagnosi professionale né di trattamento di alcuna condizione di salute. Se ritieni di essere in pericolo o di star sviluppando sintomi che richiedono attenzione immediata, consulta il tuo medico o chiama il servizio medico di emergenza locale.

Indice

Senti che l'ansia e i continui pensieri negativi stiano influenzando la tua vita?

La tua mente è diventata la tua peggiore nemica?

Non ti devi più preoccupare…

L'ansia può essere risolta!

Le persone che soffrono di **ansia e attacchi di panico** vivono esperienze che sono molto difficili da tollerare e che danneggiano la propria pace interiore.

Ne vengono colpiti per tutta la vita e non riescono a vivere normalmente. E ciò, in molti casi, influisce negativamente anche sul lavoro e sulle relazioni personali.

Molti pensano che **stanno impazzendo**, che hanno perso il controllo di sé stessi, della propria mente e sono vittime di **pensieri negativi ricorrenti.**

Io stessa ho sperimentato tutto questo in passato, ed è stato proprio questo a motivarmi a studiare l'ansia e quindi a scrivere questo libro.

A quel tempo stavo molto male. Pensavo di avere qualcosa di sbagliato e vivevo situazioni come:

- mancanza d'aria; come se non riuscissi a respirare bene, come se avessi la sensazione di non ricevere abbastanza ossigeno
- vertigini costanti
- instabilità
- contrazioni muscolari
- battito cardiaco accelerato
- **difficoltà a dormire** e risvegli di soprassalto

- debolezza a braccia e gambe
- sentivo come se in qualsiasi momento stessi per perdere conoscenza

Per tutto il tempo ho pensato che mi stesse per succedere qualcosa di brutto.

Sentivo che **non ero io**!

Le situazioni che prima potevo gestire ora mi turbavano.

E mi domandavo:

"Cos'è che è cambiato in me?".

I dottori mi hanno fatto fare esami su tutto, mi hanno detto che stavo bene, che era solo stress, ma non riuscivo ancora a stare calma.

La mia famiglia mi supportava, ma anche per loro è stato frustrante perché non sapevano come aiutarmi.

Quando soffri di ansia, **è molto difficile per loro capirti** perché non ne soffrono.

E i pensieri negativi diventano un modello negativo ricorrente, dal quale è difficile uscire.

Molte persone iniziano a sperimentare l'insonnia, che crea un circolo vizioso, dal momento che...

Hai bisogno di dormire per essere calmo, ma ti senti così ansioso che **non riesci a dormire**.

Ma la cosa più terribile non era sapere cosa fare per risolverlo.

Ecco perché adesso condividerò con te tutto ciò che devi fare, passo dopo passo, per uscire da questo incubo.

Questo libro ti aiuterà a:

- **Recuperare la tua pace mentale**
- Guarire, così da poter fare tutto ciò che ti piace
- **Poterti rilassare** e godere della vita
- **Ritornare a essere te stesso!**
- Fare in modo che questo brutto momento finisca presto
- Imparare a porre fine ai tuoi pensieri ansiosi, ripetitivi e fatalisti
- E scoprire come trasformare questo problema in una vittoria personale

Qui condividerò con te ciò che puoi fare per sentirti di nuovo il te stesso di una volta.

Non agire significa solo allontanarti dalla vita che vuoi vivere.

È quindi questo il momento di investire in te stesso, nella tua tranquillità e iniziare a utilizzare i consigli presenti in questo libro in modo da poter **tornare a vivere in pace**.

INTRODUZIONE

Non importa quanto tu sia sprofondato nell'ansia o quanto ti senta male, o se forse il semplice fatto di leggere questo libro ti sembra una sfida troppo grande... Se leggi questo libro fino alla fine e compirai il grande passo di accompagnarci in questo viaggio, darai l'opportunità a te stesso di lasciare la voragine in cui sei caduto e dalla quale pensi di non essere più in grado di uscirne fuori.

L'ansia ti dà la sensazione di voler fuggire da te stesso, scappare dalla tua mente e dal tuo corpo, ma questo è impossibile e quindi cadi nella disperazione. Bene, abbi fede: c'è una nuova corrente, un nuovo movimento che ti aiuterà a riguadagnare il controllo che avevi una volta.

Si tratta di un metodo che è stato ideato da persone che, come molti di noi, sono state afflitte per lungo tempo da crisi di ansia, ma che alla fine hanno trovato la chiave per guarirne in maniera definitiva.

E proprio come hanno fatto loro, anche molti altri ci sono riusciti, perseverando e seguendo i passaggi spiegati qui. Adesso sta a te decidere se rimanere intrappolato nelle reti dell'ansia o se TROVARE IL CORAGGIO per continuare a leggere e percorrere la via d'uscita di questo labirinto.

LA CRUDELE E TERRIBILE ANSIA

Per poter sapere quanto sia spiacevole l'ansia, bisogna averla provata. Molti dicono ogni giorno di sentirsi ansiosi o di essere stressati, ma non capiranno mai quanto sia spaventosa l'ansia se non la vivono sulla propria pelle e nella propria mente.

Solo chi come noi l'ha provata sa come la propria mente venga invasa da domande soffocanti...

Resterò così per sempre?

C'è qualcosa che non va nel mio cervello?

Sto diventando pazzo?

Finirò al manicomio?

Perderò totalmente il controllo di me stesso?

E ancora meno potrebbero sapere quanto sia terrificante soffrire di un attacco di panico, sentire che da un secondo all'altro la propria vita sta per finire, sentirsi come a corto di fiato ed essere inorriditi nel pensare di non riuscire più a respirare.

È proprio a causa di questa mancanza di comprensione che, quando cadiamo nell'ansia, ci sentiamo soli nel mondo. Perché nessuno può capirci; i nostri amici e familiari minimizzano le nostre paure perché non sanno cosa significa stare così.

Sono ignari del terrore del pensare, del provare nella mente e sulla propria pelle la sensazione che stia per accadere qualcosa di molto brutto, qualcosa che forse non sappiamo nemmeno noi di cosa si tratti, ma che ci riempie di una paura e di un'angoscia infernali.

Non sanno cosa significhi perdere la voglia di svolgere i semplici compiti giornalieri, non capiscono perché si evitino determinate attività e situazioni o perché ci si stia comportando in modo così strano. Non si vedono persi, smarriti e disorientati nelle strade che percorrono ogni giorno, proprio come invece accade a te.

Né immaginano quanto tu ti possa sentire stanco, quanto tu possa essere esaurito fisicamente e mentalmente per aver passato il giorno e la notte a ripetere pensieri fatalisti, a preoccuparti, ad asfissiarti.

Ma... anche se ti senti solo, dovresti sapere che non lo sei. Noi ti capiamo. Sappiamo cosa stai attraversando e vogliamo aiutarti a risolverlo, proprio come abbiamo già fatto noi.

E proprio come è per noi, sicuramente molto vicino a te ci sono anche altre persone che soffrono in silenzio: l'ansia è una condizione molto comune che attacca milioni di persone in tutto il mondo. Ma sebbene sia molto diffusa oggi, non è un male incurabile.

Forse avrai già fatto decine di esami medici alla ricerca di una malattia rara che spieghi tutti i tuoi "sintomi", o forse ti è già stato diagnosticato un disturbo d'ansia. Credici: ci sono milioni di persone che sono proprio come te. Ma non tutti hanno la fortuna di trovare uno strumento come questo per riuscire a guarire definitivamente.

COSA TROVERAI IN QUESTO LIBRO?

Con queste righe la nostra intenzione è quella di riuscire a farti recuperare nel più breve tempo possibile e a rivivere la tua vita quotidiana come facevi una volta.

Nel modo più semplice possibile vogliamo insegnarti a porre fine ai tuoi pensieri ansiosi, ripetitivi e fatalisti. Ti aiuteremo a eliminare quei fastidiosi (anche se innocui) attacchi di panico. Ti porteremo a riprendere quelle attività che eri solito fare e che ora eviti a tutti i costi. E, anche se per lungo tempo sei stato immerso in quello stato di angoscia e ansia, ti aiuteremo a recuperare il tuo vero "io".

Inoltre, scoprirai come trasformare questo problema in un trionfo personale e risveglierai un potere nascosto dentro te stesso: quando abbandonerai l'ansia, sarai più forte di prima.

Con questo approccio verranno eliminati quei costosi consulti medici con lo psichiatra o lo psicologo e l'uso di farmaci dannosi. Questo metodo semplifica il recupero, perché il punto chiave è insegnarti non a "gestire" o "controllare" l'ansia, ma a curarla in modo da vivere al massimo la tua vita.

E il punto chiave sta proprio qui: ti insegneremo a sbarazzarti della PAURA dell'ansia, piuttosto che dell'ansia stessa.

Questo metodo mette a tua disposizione una tecnica divisa in quattro fasi che ti porterà sulla strada della guarigione, e ti permetterà di:

- Distanziare sempre più la comparsa degli attacchi di panico, fino a quando questi non si esauriscono definitivamente nel più breve tempo possibile.

- Ridurre ed eliminare l'ansia generalizzata.

- Ridurre i pensieri fatalisti e le idee tossiche ricorrenti, e sostituirle con sentimenti positivi.

- Iniziare a sentirti a tuo agio con l'"assenza" di ansia e cominciare una fase di abitudine allo stato "non ansioso".

- Reagire in modo appropriato alle possibili ricadute.

Ma questo non è tutto; in questo libro riveleremo anche quali sono le tecniche che dovresti mettere in pratica di fronte a una serie di situazioni, sintomi e sensazioni che si provano quando si soffre di ansia generalizzata.

Cosa fare se si ha un attacco di panico?

Come reagire di fronte all'insonnia?

Cosa fare in caso di palpitazioni?

Come procedere se si ha paura di uscire di casa?

Allo stesso modo ti spiegheremo in modo molto semplice la ragione di questi "sintomi" che il tuo corpo e la tua mente stanno avendo, in modo da renderti conto che non sei affatto malato, che non stai morendo e che tutte quelle paure e sensazioni sono solo una creazione delle tue stesse paure.

COSE CHE DEVI SAPERE PRIMA DI COMINCIARE

1. È normale sentirsi molto male. Se hai stress e ansia, la tua chimica ormonale cambia e influenza il tuo corpo e il tuo cervello, che finiscono per esaurirsi da questo bombardamento di sentimenti e pensieri negativi. Ma ciò non significa che sei malato.

2. Pensi che questo ti stia accadendo perché sei debole? Falso: sei più coraggioso e forte di quanto tu immagini.

3. Ti chiedi mai "perché mi sta succedendo questo"? Nessuno conosce la risposta. Alcune persone sono più sensibili di altre alle situazioni stressanti, e forse tu sei una di queste. Ma non importa il fatto che non ci sia una spiegazione al tuo problema, perché la soluzione rimane la stessa. Non arrovellarti il cervello cercando di trovare una spiegazione, è inutile.

4. Ti chiedi quanto tempo ci vorrà per guarire? La risposta è dentro di te, e dipenderà dalla tua disposizione, dal tuo desiderio, dalla tua comprensione e dai tuoi sforzi.

5. Potrebbe sembrarti strano, ma l'ostacolo principale al superamento dell'ansia sei tu. Ma la soluzione è dentro di te. Anche se non lo sai, ne hai il controllo. Altre persone potrebbero aiutarti. Questo libro può guidarti. Ma alla fine, la cura sta nelle tue mani. Devi avere fiducia e credere in te stesso. Così come, senza rendertene conto, sei entrato in questa situazione, allo stesso modo puoi tu stesso tirartene fuori, se lo vuoi.

PARTE 1. IL METODO

COMPRENDERE L'ANSIA

Devi iniziare rendendoti conto che l'ansia è uno strumento di sopravvivenza. L'ansia non è una malattia, bensì un meccanismo di difesa.

Ricorda che l'essere umano viveva originariamente in condizioni di costante pericolo, quindi le nostre menti sono naturalmente progettate per essere attente a qualsiasi situazione in cui dobbiamo decidere se fuggire o attaccare. I nostri antenati vivevano in un ambiente pieno di rischi, animali selvatici e con la natura molte volte contro di loro. In una situazione pericolosa, la loro mente entrava in uno stato di allerta.

Ad esempio, se un individuo sospettava che l'ombra dietro un albero fosse una bestia che potesse attaccarlo, allora il suo cuore iniziava a battere più forte e la sua mente si alterava.

"Cosa succederebbe se la bestia dietro l'albero mi attaccasse?".

Allora lì, con l'adrenalina a un milione, il soggetto prende la decisione di correre più veloce che può o di cercare un oggetto da usare come arma per affrontare il suo potenziale nemico.

Durante questo tipo di situazioni, il corpo e la mente sperimentano un'ansia completamente giustificata e naturale. La chimica cerebrale si modifica per rendere l'individuo più capace di affrontare quel momento. Ma, una volta risolto il problema, tutto torna alla normalità, il cervello e la sua chimica si stabilizzano, il corpo e la mente smettono di ricevere segnali di allerta.

Oggi le minacce sono molto diverse... Forse non c'è una bestia dietro un albero, ma potrebbe esserci un'autostrada paralizzata dal traffico...

"Arriverò tardi a lavoro... Potrei perdere il lavoro... Sto per essere rimproverato... Se venissi licenziato non sarei in grado di sostenere economicamente la mia famiglia...". A causa della costante ripetizione di questo tipo di preoccupazioni, forse a causa di trauma o per molte altre ragioni, può succedere che i livelli di ansia si blocchino in un punto alto e non si normalizzino più. È qui che diventa un disturbo.

Bene, è proprio ciò che è successo a te. Ad un certo punto, il tuo livello di ansia, per qualsiasi motivo, è aumentato ma non è più sceso, o è rimasto in una condizione permanente di alti e bassi, quindi per tutto il tempo il tuo cervello invierà dei segnali sbagliati... Fa battere più forte il tuo cuore senza una ragione apparente... Ti fa sudare, ti fa diventare fredde le mani... Ti fa tremare. E ti fa sprofondare nella sensazione che ti accadrà qualcosa di brutto... Proprio come il nostro amico davanti all'ombra dietro l'albero, ma con la differenza che nel tuo caso non c'è né l'ombra né la bestia.

C'è solo una discrepanza.

Ovviamente ti senti male e col tempo inizi a disperarti. Ora che lo sai, devi solo imparare a percepire la tua ansia in un modo diverso.

Per raggiungere questo obiettivo, ti mostreremo i quattro passaggi che compongono questo metodo.

STEP 1. NON FARE RESISTENZA CONTRO L'ANSIA

L'ansia è un'energia nervosa che sale e scende, proprio come le onde del mare. Immagina di trovarti in una spiaggia dove, di tanto in tanto, un'onda si innalza di fronte a te. Quando resisti all'onda, questa ti lancia, ti rigetta nell'acqua e tu finisci per spaventarti e turbarti, potresti ingoiare l'acqua e iniziare a temere le onde e a fare resistenza contro queste.

Ma, se invece di resistere ti muovi al suo ritmo, salti e risali insieme all'onda quando questa si alza e scendi con lei quando questa ricade giù, alla fine non avrai più paura delle onde.

L'ansia è così, come le onde. A volte si alzano, poi ricadono giù... Ma svaniranno sempre. Non c'è motivo di temere che arrivi la prossima onda, perché sai già che soltanto non facendo resistenza, non pensando che questa ti possa rigettare in acqua e seguendo il suo ritmo, sarà sufficiente a non farti del male.

L'ansia diventa un problema quando, invece di andare su e giù con lei e seguire il suo ritmo, tu inizi a fare resistenza. Devi smettere di opporti all'ansia e minimizzarla, perché alla fine il suo destino sarà sempre quello di scomparire.

Quando fai resistenza, la paura inizia a crescere dentro di te e perdi il controllo. Ciò che è importante del nostro metodo è che la prossima volta che senti che un attacco d'ansia è in arrivo, tu inizi una volta per tutte a smettere di fare resistenza e di avere paura.

COSA SUCCEDEREBBE SE...

L'essenza di questo primo passo consiste nell'allenare nuovamente il modo immediato di rispondere all'ansia quando vedi quest'ultima avvicinarsi. Si tratta di un passaggio molto semplice e veloce da implementare e dovrai metterlo in pratica dal primo momento in cui ritieni che questa appaia.

L'ansia arriva all'improvviso e cresce veloce, e crescerà ancora più velocemente se ricadi nel peggiore degli errori... quello di rimanere bloccato in pensieri del tipo... **"Cosa succederebbe se...?"**.

Ricordiamoci il nostro amico preistorico... **"Cosa succederebbe se... la bestia dietro l'albero mi attaccasse?"**.

Probabilmente il pover'uomo aveva una bestia da affrontare, ma la cosa certa è che tutti i **"Cosa succederebbe se..."** che ripeti continuamente sono quelli sbagliati. Non c'è una bestia in attesa di attaccarti.

Forse è questo il tipo di pensieri che ti vengono in mente quando si avvicina una crisi d'ansia:

"Cosa succederebbe se il mio cuore smettesse di battere?"

"Cosa succederebbe se avessi un attacco di panico proprio mentre sto guidando?"

"Cosa succederebbe se quest'ansia non se mi abbandonasse mai?"

"Cosa succederebbe se svenissi per strada?"

"Cosa succederebbe se mi agitassi così tanto da non poter respirare?".

Generalmente, le risposte a tutte queste domande sono le più catastrofiche e negative possibili. Raramente troverai risposte incoraggianti e positive.

Bene, questo è quello che dovresti fare d'ora in poi. Evita di pensare a risposte disastrose per le tue domande ansiose... Beh, a ripeterle così tanto, aumenterai l'adrenalina e la frequenza cardiaca... Il tuo cervello crederà che qualcosa di brutto stia per accadere, e invierà dei segnali di allerta. L'ansia ti attaccherà.

Non farlo più. D'ora in poi, rispondi a queste domande dando delle risposte felici e incoraggianti.

"Cosa succederebbe se il mio cuore si fermasse improvvisamente?" Una risposta appropriata sarebbe:

"E allora... Il mio cuore è forte, si sta solo esercitando. Non succede niente".

"Cosa succederebbe se avessi un attacco di panico mentre sto guidando in autostrada?".
"E quindi? Continuerei a guidare come ho sempre fatto, e sempre ritornerò a casa sano e salvo".

"Cosa succederebbe se questi pensieri terribili non smettessero di venirmi alla mente?".

"E allora? Sono solo dei pensieri e non possono farmi del male. La mia mente si tranquillizzerà e i pensieri sfumeranno".

È molto probabile che quando inizi a rispondere alle domande dando delle risposte positive, risposte che respingono approcci spaventosi, senti che stai ingannando te stesso. Non importa! Continua a farlo. Con il passare del tempo, la tua mente si calmerà, lo spettro dell'ansia scenderà quando ti renderai conto che le risposte positive sono vere... Perché dopotutto, è vero... Non ti succederà niente di male!

NON OPPORRE RESISTENZA! La chiave sta nel disattivare rapidamente la paura accumulata.

Fallo ogni volta che la senti arrivare. In questa maniera, la tensione accumulata si scioglie e la tua mente si muoverà allo stesso ritmo dei tuoi nervi e della tua ansia, invece di opporle resistenza.

STEP 2. ACCETTA L'ANSIA

Hai già imparato che la cosa principale da fare è quella di non opporre resistenza all'ansia, ma ciò non sarà sufficiente per superarla. Il secondo passo è l'**ACCETTAZIONE**. Quando accetti ciò che stai provando, accetti i "sintomi", i pensieri o tutto ciò che ne consegue, e dai più potere alla strategia di non opporre resistenza.

C'è ancora ansia dentro di te, ma devi dissiparla accettando che questa ci sia. Quando diciamo 'accettare', intendiamo lasciarla stare... lasciarla esistere. Toglierle importanza. Non importa se è lì, non importa cosa ti faccia pensare o sentire. Tu lasciala esistere.

Quasi tutti abbiamo una risposta iniziale sbagliata al momento della comparsa di una crisi ansiosa. La nostra natura di esseri umani ci porta a evitare esperienze spiacevoli, ed è per questo che preferiamo evitare la situazione, bloccarla, e sfuggire da essa.

Non cercare di bloccare l'ansia, non cercare di sfuggire, perché più la blocchi con forza, più questa ti attaccherà con ancora più forza. Più corri via veloce, più questa ti correrà dietro.

Mentre scappi dall'ansia, mentre la blocchi, avrai sprecato energia inutile su questa... Ti stancherai di bloccare e fuggire, e alla fine soccomberai.

Ciò accade perché non è possibile fuggire dall'ansia, né tantomeno bloccarla o evitarla. ACCETTALA. Muoviti con lei al suo ritmo, finché questa non smette di essere importante. Quando lo farà, perderà tutta quella forza. La forza la dai TU fuggendo e bloccandola.

Basta sprecare energia per darla all'ansia. Potrebbe funzionare per un po', ma poi finirai per sfinirti e cadere nella sua rete. Meglio accettarla. Un buon modo per allenare la tua mente all'accettazione è ripetere frasi come questa:

"Accetto e acconsento alla mia ansia. Accetto che stia lì. La lascio esistere".

Quando la accetti, la lotta interna tra te e l'ansia si ferma e così il tuo sistema nervoso avrà la possibilità di rilassarsi.

Le strane sensazioni che ti fa provare non contano più, i macabri pensieri che ti porta alla mente non contano più. È solo eccitazione nervosa. Accetta l'esistenza di quelle sensazioni... Ecco, sono solo queste, delle sensazioni. Non opporre resistenza a loro, sono lì, ma non sono importanti. Passeranno.

"Ciò a cui opponi resistenza persiste", diceva un saggio. Invece, ciò che accettiamo, possiamo trasformarlo. Quando accettiamo pienamente la nostra ansia lasciandola esistere, senza sfuggirne o senza combatterla, iniziamo a trasformarla.

Devi imparare a sentirti a tuo agio con i tuoi attacchi d'ansia.

Il segreto del recupero consiste nell'arrivare al punto in cui realmente permetti e accetti la tua ansia. Da quel momento in poi, questa inizierà a collassare naturalmente.

Qualcosa di molto importante per l'ACCETTAZIONE è smettere di avere fretta di uscire dalla voragine.

È controproducente essere costantemente dipendenti da come ci sentiamo o ci svegliamo e chiedersi come ci sentiremo oggi, se saremo ansiosi o se avremo palpitazioni. Non importa. Lascia stare.

Invece di chiederti se oggi sarai ansioso, chiediti invece quale livello di ansia sarai in grado di accettare e respingere oggi.

BENVENUTA, ANSIA

Devi capire che quando diciamo che di non opporre resistenza e accettare la tua ansia, non si tratta di alimentare le tue paure, ma di permettere loro di stare lì in modo poi da cadere con il loro stesso peso.

Si tratta di creare una nuova relazione con la tua ansia, da un altro punto di vista: quello di osservatore esterno.

Osserva come appaiono i pensieri, i sintomi e le sensazioni. Non allontanarti da loro, non ignorarli. Osservali. Se lo fai nel modo giusto, otterrai un effetto curativo sul tuo sistema nervoso. Perché conoscendoli e muovendoti insieme a loro, ti renderai conto che sono innocui. Li accetterai, e questi perderanno importanza. Alla fine non avranno più forza e collasseranno.

Pensa alla tua ansia e immaginala come uno di quei venditori porta a porta che vanno sempre in giro. Ma questo in particolare è un venditore molto persistente che insiste apparendo sempre alla tua porta bussando, e il suo rumore ti altera e ti disturba.

I giorni passano e tu continui ad evitare a tutti i costi il venditore, scappando in modo che non ti raggiunga quando tu esci o entri in casa. Questo stupido venditore ti lascerà in pace soltanto quando lo farai entrare in casa tua e ti dirà cosa ha da dire, mentre tu lo guarderai semplicemente senza dare alcuna importanza alle sue parole o a ciò che questo ti offrirà.

Lo guardi e basta, perché sai che quando finalmente avrà finito di dirti quello che voleva dirti, questo andrà via. Soprattutto perchè hai deciso di non comprare ciò che è venuto a venderti.

Perché non credi nel suo prodotto. Il venditore non avrà più voglia di disturbarti e se ne andrà. Forse un giorno tornerà da quelle parti, ma non sarà più così scomodo per te accettare la sua presenza e, di nuovo, finirà per andarsene.

Allo stesso modo devi invitare l'ansia a venire e sedersi accanto a te e dirti cosa ha da dirti. Quando vedrai che non è nulla di importante, questa se ne andrà. Non comprerai le sue offerte ingannevoli.

Puoi esercitarti dicendo frasi come questa:

"Benvenuta, ansia: oggi non ho intenzione di litigare con te. Facciamo una tregua. Siediti accanto a me. Dimmi tutto ciò che hai da dirmi".

"Accetto e permetto questo sentimento e questi pensieri d'ansia".

Accettando l'ansia e invitandola a sedersi accanto a te, scatenerai una sensazione liberatrice.

Non opponendo alcuna resistenza, permetterai così al tuo corpo e alla tua mente di rilassarsi liberamente con tutta questa energia nervosa. Devi farlo con convinzione, sicuro del fatto che darà il risultato che tu desideri.

Ogni volta che senti un'ondata di energia nervosa, dovresti trattarla come se fosse un amico che viene a farti visita e si siede vicino a te.

La tua ansia non crescerà se la accoglierai con questa ospitalità. Perché sono le tue paure, i tuoi rifiuti e la tua resistenza ad alimentarla.

Lascia che l'ansia si manifesti nel modo che preferisci, nel tuo corpo o nella tua mente. Ti crea un nodo in gola? Accelera la tua frequenza cardiaca? Ti attacca con pensieri caotici? Non importa. Lasciala esistere... Dille che è la benvenuta. Lascia che il tuo corpo vibri di eccitazione nervosa senza alcuna resistenza. Inizierà a svanire.

Mentre l'ansia è lì con te, potrai dirle cose come queste:

"Accetto e permetto la mia ansia. Accetto e permetto le sensazioni che mi fa provare".

Ma ricorda: sappiamo che non è piacevole. Non è un visitatore piacevole. Non è bello provare paura, angoscia, palpitazioni, nodi in gola. Ma dovresti comunque accettare tutto ciò e accoglierlo perché è l'unico modo per far scomparire questi sintomi in modo naturale. Immaginalo come quando prendi una medicina dal sapore amaro: sai che non sarà piacevole al palato, ma in seguito ti farà stare molto meglio.

Dalle sempre il benvenuto. Non infastidirti mai se l'ansia appare alla tua porta. Sii un buon padrone di casa e sorridile. Invitala ad entrare, offrile un tè. Puoi anche, mentre lei è lì con te, dare alla tua ansia un'immagine visiva nella tua mente. Magari una caricatura ridicola. Puoi anche dare alla tua ansia un soprannome stucchevole. Puoi immaginare che abbia una voce grottesca, molto acuta. Crea nella tua mente una personificazione ridicola della tua ansia.

Ciò che è importante dell'esercizio precedente è anche dare un tocco di umorismo e una connotazione assurda all'ansia. In questo modo dimostrerai alla tua mente che la tua ansia è solo questo, un visitatore ridicolo e innocuo.

E sì, perché è veramente innocua. Non potrai sentirti minacciato da un personaggio così stupido. Con un po' di pratica, vedrai che a lungo andare considererai l'arrivo dell'ansia uno scherzo pazzo che potrebbe persino farti sorridere. Fai pratica con questo gioco anche se sembra sciocco, è un eccellente allenamento per la tua mente e per farti rilassare di fronte a crisi ansiogene.

NON aver paura di farlo, di darle il benvenuto e di giocare con lei. Non pensare al fatto che ti farà perdere il controllo. Al contrario, in questo modo inizi ad avere il controllo nelle tue mani. Più lo fai, meglio tratti l'ansia e più la vedi ridicola, più velocemente ne ridurrai l'intensità. Credici. L'abbiamo fatto noi, e ha funzionato.

Inoltre, dovresti anche azzardarti ad invitare l'ansia quando non la vedi arrivare. Quando è nascosta.

Nei tuoi giorni migliori, chiamala. "Ehi, ansia. Ti invito a passare da me. Vieni oggi, vediamo cosa mi farai." Tieni le porte aperte, smetti di preoccuparti se stia arrivando o meno, perché sei già in allerta.

Non dimenticare che la paura della paura, la paura dell'ansia e la paura delle sue sensazioni è ciò che la tiene lì a disturbarti. Se decidi di giocare con lei, inizi a perdere la paura e a tornare ad essere libero.

Questo secondo passo che proponiamo può sembrarti un po' strano o assurdo. Ma devi fidarti di ciò che ti diciamo. Fidati di noi e provalo almeno per un paio di settimane. Quando l'ansia inizierà a ridursi, ti renderai conto che questo è il modo giusto di fare le cose.

La differenza in questa proposta rispetto alle altre è che qui, precisamente, siamo alla radice del problema: la paura della paura e la resistenza all'ansia. Questo metodo ti farà capire che l'ansia è soltanto pensieri, paure e sentimenti innocui.

Non si tratta di evitare l'ansia, di distrarti con altre pratiche o esercizi, ma di diventare così consapevoli di questa al punto di accettarla e smettere di resistere fino a quando non ti renderai conto che non può farti del male, quindi potrai sentirti a tuo agio e non avere paura quando la vedi arrivare, e mostrarti persino spensierato o indifferente sul fatto che apparirà o meno.

Quando segui questa pratica, in pochi minuti inizierai a perdere la paura e a rilassarti. Le sensazioni si riducono. L'alterazione nervosa diventa un altro tipo di energia, forse una vivacità simile a quando si beve il caffè. Quando l'energia nervosa raggiunge questo punto, è molto più facile lavorarci. Ora potrai utilizzarla per alzarti e fare cose produttive e positive invece di essere turbato e paralizzato.

CAPIRE COSA SIGNIFICA ACCETTARE

Noi vogliamo che, quando tu metterai in pratica questo secondo passo, sarai molto chiaro su cosa intendiamo ACCETTARE la tua ansia. Non è una parola magica. Non è che dalla bocca escano le parole 'la accetto', e così l'ansia sparirà magicamente. Per padroneggiare la tecnica, tieni molto chiaro a mente ciò che segue: la chiave del nostro metodo non è quella di liberarti dell'ansia, bensì della tua **paura dell'ansia.**

Non concluderemo direttamente con le sensazioni folli che l'ansia scatena nel tuo corpo e nella tua mente. Concluderemo con la costante paura che queste sensazioni suscitano in te. È l'unico modo per liberarti.

Sappiamo sulla nostra pelle quanto sia fastidioso vivere costantemente con i nervi alterati. Conosciamo tutte le reazioni del nostro **corpo** e della nostra mente quando il cervello invia dei segnali ansiosi. Ma ricorda questo: il nostro obiettivo non è liberarti da queste sensazioni. Non vogliamo che tu ottenga una calma artificiale e tesa. Non è un buon metodo per rilassarti rapidamente nel mezzo di una crisi o perché il corpo smetta di tremare o il cuore riduca immediatamente il suo ritmo. Se ti insegnassimo questo, cadremmo nell'errore di insegnarti a opporre resistenza all'ansia.

Ciò che vogliamo insegnarti è di NON AVERE PAURA, non importa quante strane sensazioni si muovano dentro di te. Quando ACCETTI, non ci sarà paura, anche se avrai i "sintomi" più folli.

OSSERVA LA TUA ANSIA

Quando inviti l'ansia a venire e sederti al tuo fianco, dai a te stesso l'opportunità di osservarla. Sei testimone di tutto ciò che ti fa. Invece di essere intrappolato e paralizzato dalla paura, diventa un osservatore di tutto ciò che stai vivendo. Da vittima, diventa un osservatore curioso.

Dovrai allenarti per un po' prima di riuscirci, ma ovviamente potrai farlo. Presto sentirai quegli strani sintomi senza provare alcun disagio, perché sarai impegnato a studiarli. I tuoi pensieri, prima timorosi, ora passeranno ad essere curiosi.

E puoi essere sicuro che non ti accadrà nulla di male. Lo sai già... Sono solo sensazioni e sentimenti che non uccidono. Non ti solleva sapere che non devi più cercare di controllare l'ansia ma lasciare che i suoi capricci fluiscano innocentemente dentro di te?

Presto starai meglio e avrai superato questa seconda fase. Lo saprai quando vedrai che l'ansia sta arrivando e non ti sentirai più pietrificato o angosciato da essa. Potresti provare un po' di paura, ma non ne sarai paralizzato quando te la troverai davanti.

È tempo di passare al livello successivo.

STEP 3. EMOZIONATI CON LA TUA ANSIA

Anche se hai seguito i passaggi precedenti e ti trovi al punto in cui accetti già l'ansia, sicuramente alcune paure sono ancora rimaste nella tua mente. Potrebbero non essere più così intense, ma forse in fondo potresti continuare a percepire l'ansia come una minaccia, come qualcosa di veramente dannoso.

Adesso, in questo terzo step, devi distruggere quelle paure per sempre cambiando il modo in cui percepisci i segnali ansiosi. Devi cambiare il "chip" della tua mente per iniziare a prendere l'ansia in modo positivo.

Per capire quanto sopra, concentrati su questo esperimento fatto da alcuni psicologi. Ai membri di due diversi gruppi è stato detto che stavano testando gli effetti di un farmaco per migliorare la vista. Ciò che questi non sapevano era che i medici stavano effettivamente iniettando loro dell'adrenalina. L'adrenalina produce un aumento della pressione sanguigna e della frequenza cardiaca. Dà molta energia per il corpo e la mente.

I due gruppi erano stati divisi in stanze diverse dove, all'interno di ciascuna, era stato messo un attore. Nel primo gruppo, l'attore ha fatto finta di essere euforico, pieno di gioia, molto energico e allegro. Nel secondo gruppo, l'attore ha assunto un atteggiamento di paura, frustrazione e ansia. Avrai sicuramente già indovinato cosa è successo... Nel gruppo dell'attore euforico, tutti i partecipanti sono stati contagiati dall'euforia e dall'eccitazione, mentre nella stanza dell'attore ansioso, tutti sono diventati ansiosi e timorosi.

Cosa ha dimostrato questo esperimento? Tutti avevano una carica aggiunta di adrenalina, quindi le loro menti e corpi erano investiti da una grande agitazione nervosa. Ma il modo in cui hanno sviluppato la loro alterazione nervosa è cambiato a seconda di ciò che hanno percepito attraverso l'attore. Ogni gruppo ha interpretato ciò che ha provato in due modi differenti, grazie a uno stimolo che li ha portati a percepire ciò che stava accadendo in modo diverso.

Il test ha chiarito che non sono le sensazioni corporee che proviamo a scatenare le nostre risposte emotive, ma è la nostra percezione di quelle sensazioni a determinare i nostri sentimenti e le nostre risposte.

Lo stesso vale per l'ansia. Il modo in cui la percepiamo influenza il modo in cui la si canalizza. Se la percepisci come qualcosa di terribile che ti spaventa, il tuo corpo e la tua mente saranno in sintonia con l'angoscia e la paura. Se percepisci di essere pieno di euforia ed energia, allora anche il tuo corpo e la tua mente la canalizzeranno in quel modo. Se provi emozioni per l'ansia, il tuo corpo e la tua mente saranno emozionati, ma non spaventati.

A questo punto, dovresti iniziare a cambiare idea sul modo in cui percepisci l'ansia. Devi riceverla con emozione, eccitazione e un po' di euforia. Occhio, non ti stiamo chiedendo di diventare ansia-dipendente o qualcosa del genere.

Quello che stiamo cercando di dirti è che ogni volta che appare l'ansia, tu devi lasciare fluire tutta l'energia che questa ti inietta, da una diversa percezione, e usare tutta quell'energia per andare in un'altra direzione, una direzione contraria alla paura e all'angoscia, e che sia invece più vicina alla gioia e all'attività.

Ricorda che l'ansia è un'ondata di energia che fluisce attraverso il tuo corpo. Questa energia non ti farà del male, in nessun modo. È la tua interpretazione di questa energia che la rende un problema per te ed è per questo che ti cattura nel circolo vizioso di aver paura della paura.

Dopotutto, la paura e l'emozione sono due facce diverse della stessa medaglia. La chiave è imparare a trasformare la percezione di questi due sentimenti da negativi a positivi. Posizionare la moneta sulla faccia corretta. Quando avrai imparato a percepire la tua ansia come la manifestazione di un alto grado di energia all'interno di te, che puoi gestire come tu desideri, il senso di minaccia crollerà.

Quando c'è l'ansia, l'intero sistema nervoso è pieno di quell'energia. Lascia che scorra completamente dentro di te, ma cambia il "chip": dalla paura all'emozione, dall'angoscia alla gioia e all'EMOZIONE.

Un buon strumento di pratica per questo terzo passo consiste nel ripetere nella tua mente qualcosa del genere:

"Sono emozionato per queste sensazioni".

Ripetilo più volte, finché non inizi a sentire un cambiamento nel modo in cui percepisci questa energia nervosa.

Ma non devi semplicemente dirlo. Approfitta dell'energia che scorre nel tuo corpo. Scuotiti, balla, salta. Fai qualcosa di allegro e intenso che ti faccia scaricare tutta l'energia che scorre in te. Se sei in ufficio, puoi andare in bagno o qualsiasi altro posto dove puoi farlo da solo. Questo nel caso in cui sia una persona timida e non vuoi che ti guardino male.

Il punto non è consentire al cervello di interpretare erroneamente i sentimenti di ansia, o che li percepisca come una minaccia. Devi invece "ingannare" la tua mente ansiosa, giocarci per provare delle sensazioni diverse.
In questo modo, farai capire al tuo cervello emotivo quanto segue:

"Non c'è nessuna minaccia. Non sono preoccupato per queste sensazioni. È solo eccitazione nervosa. Do loro il benvenuto, le lascio scorrere in me e le trasformo in qualcosa di emozionante e allegro".

Come accennato in precedenza, non importa se ripetere queste frasi o fare questi esercizi ti sembra una bugia. Alla fine, dopo averlo ripetuto così tante volte, otterrai i risultati desiderati. Non importa se all'inizio dovrai fingere.

Fallo!

Con il passare del tempo, vedrai come finalmente cambierai la direzione di tutte le sensazioni che si accumulano dentro di te. È molto importante che tu rispetti ciò, perché quando c'è ansia c'è energia, molta più energia che scorre all'interno del corpo, della mente e del sistema nervoso.

Tutta quell'energia deve essere trasformata, perché essendo intrappolata dentro di te, nel caso in cui la paura ti paralizzi, questa ti farà sentire ancora peggio. Questo è uno dei motivi per cui ti senti sempre stanco.

Quindi, d'ora in poi, EMOZIONATI con la tua ansia!

Fai uscire tutto ciò che hai dentro di te, ma con euforia e gioia.

STEP 4. TIENITI OCCUPATO

A questo punto dovrai aver già applicato le tre fasi precedenti del nostro metodo ed esserti diretto nella direzione giusta. Ma la tua mente ansiosa potrebbe volerti tradire e trovare un modo per farti ricadere in quello stato di paralisi e paura in cui ti trovavi una volta.

Questo quarto passo è piuttosto breve, ma estremamente cruciale, perché rappresenta il tuo arrivo alla META. Sei già quasi arrivato alla fine del cammino, ma ti manca ancora un po' di strada. Questa fase finale è progettata per tenere la tua mente ansiosa lontana dalla strada sbagliata, in modo che il tuo sistema nervoso possa finire di rilassarsi e stabilizzarsi. Questa fase è quella che ti insegnerà a non RICADERE.

La cosa importante da fare in questo momento è occupare la tua mente con qualcosa di produttivo, qualcosa di utile che attiri la tua attenzione e che faccia fluire tranquillamente la tua vita nonostante ci possa essere una minaccia ansiosa dietro l'angolo.

Non si tratta di distrarsi, di evitare l'ansia attraverso una distrazione. È molto importante che tu abbia chiaro il fatto che si tratta di qualcosa di molto diverso dalla distrazione. Il punto di TENERTI OCCUPATO sta nel dimostrare alla tua mente che l'ansia non ti porterà via dalla vita reale, dalle tue occupazioni e dalle tue attività. Dimostrare all'ansia che anche se questa è ancora lì, la tua vita continuerà lo stesso.

L'ansia non ti paralizzerà. Non ti deve interessare, quindi insisti a prenderti cura di te stesso.

La cosa più rilevante qui non è essere inattivi. L'ozio agisce contro il recupero. Se sei una persona inattiva, oziosa, e ciò che fai è soltanto pensare, è probabile che i pensieri ansiosi, paurosi e minacciosi provino ad avere di nuovo uno spazio importante nella tua testa.

Quando non sei occupato, inizierai sicuramente a "controllare" se stai bene, "rivedere" tutto il tuo corpo e la tua mente per trovare un qualsiasi segno che ti dica che qualcosa non sta andando bene o stia cercando di convincerti che tutto vada bene. E non è questa l'idea. Ricorda che tutto questo già non dovrebbe più importarti, ma la mente ansiosa è sciocca e tende a ricadere.

Ci saranno momenti in cui lo stato ansioso, l'alterazione e le paure vorranno riapparire per tormentarti. Ma non devi ricaderci. Non essere angosciato, lasciale esistere. Ricorda che l'ansia è un meccanismo naturale, quindi è sempre latente.

La chiave qui sta nel non darle la minima importanza e, essendo consapevole che non si tratti di qualcosa di dannoso, nel tenerti occupato con le tue attività quotidiane e non paralizzarti.

Immagina di trovarti nel tuo ufficio, a casa o in qualsiasi altro luogo pubblico e improvvisamente senti avvicinarsi un'ondata di ansia. Forse il tuo cuore è sobbalzato o la tua mente è già piena di pensieri negativi.

Se in questo momento appare l'ansia, sai già come disattivare la paura iniziale non facendo resistenza, muovendoti con essa e lasciandola andare.

Sai già che devi permettere all'ansia di essere presente e accettare che questa sia lì con te. Sai già che devi incanalare e rilasciare sotto forma di emozioni positive l'energia che essa porta con sè.

Ma a questo punto del tuo "allenamento", ciò che dovresti fare dopo è concentrarti su un compito specifico.

Concentrati di nuovo su ciò che stavi facendo. Se eri al lavoro, richiedi un compito specifico. Se eri in casa a fare un qualsiasi tipo di lavoro, fallo di nuovo e tieniti occupato con questo. Non ti paralizzare. Se eri inattivo, cercati qualcosa da fare.

Chiama un amico, vai a correre, pulisci il tuo armadio. Occupati di qualcosa di utile e mostra alla tua ansia che la tua vita va avanti e che lei non è importante.

Se non ti tieni occupato con qualcosa, rischierai di cadere nell'"auto-scansione" per aver pensato troppo, controllato se ti stesse succedendo qualcosa, analizzato ogni piccola sensazione. Tieniti occupato, fai qualcosa di utile per te, mentre assesti il colpo finale all'ansia dicendole che la tua vita continuerà lo stesso, che è piena e che sei tu ad averne il controllo. Non lei.

CONCLUSIONI SUI QUATTRO STEP

Se hai voluto seguire il percorso insieme a noi e hai già messo in pratica i quattro passaggi, siamo sicuri che ti sentirai molto meglio. È probabile che tu abbia già dominato la tua ansia invece di farti dominare da quest'ultima, ed è certo che la paura sarà diminuita, se non addirittura scomparsa.

Ma sappiamo che esistono persone che sono più restie ad uscire dall'ansia, o per loro stessa natura, o perché sono bloccate, sono scettiche sulle soluzioni che proponiamo o semplicemente perché il livello del loro disturbo ha già un grado più avanzato che rende loro più difficile andare avanti.

Non importa, non svenire. Continua a ripetere i passaggi più e più volte. E tieni presente che il percorso non finisce qui. Nella prossima parte ti forniremo più strumenti in modo da ottenere il sollievo di cui hai tanto bisogno.

Ma prima, andiamo a rinfrescare ciò che hai appreso finora, per rivedere i punti chiave di ciò che ti abbiamo insegnato e aggiungere alcuni consigli che ti aiuteranno a comprendere meglio i quattro step e rendere più semplici i tuoi esercizi.

RACCOMANDAZIONI SUI QUATTRO STEP

- Non analizzare così tanto ogni passaggio. Ti basta completarli, indipendentemente da qualsiasi altra cosa. Non fermarti a porti domande del tipo: "Lo sto facendo bene? Dovrei sforzarmi di più? Starà forse funzionando?".

- Applica i passaggi ogni volta che ti senti ansioso. Non smettere di farlo. Abitua il tuo corpo, la tua mente e la tua stessa ansia al tuo nuovo atteggiamento.

- Se riesci a rilassarti con i quattro passaggi e in pochi minuti senti di nuovo l'ansia, rifalli di nuovo. Insistiamo, fallo ogni volta. Questa ripetizione renderà il processo più veloce, più facile e più naturale.

- Tieni questo metodo sempre "a portata di mano" e utilizzalo ogni volta che ne hai bisogno. È come uno strumento con cui magari all'inizio potresti non essere così esperto quando lo usi, ma che con la pratica ne diventerai un esperto.

- Usa le tue proprie frasi. Quando ti diciamo di ripeterti internamente o ad alta voce delle frasi per esprimere al tuo cervello le idee dei quattro passi, non devi prenderlo alla lettera. Crea le tue espressioni con le parole con cui ti senti più a tuo agio e con il linguaggio che tu utilizzi più abitualmente.

PUNTI CHIAVE DEI QUATTRO STEP

- Non resistere all'ansia. Non evitare l'ansia. Non sfuggire all'ansia. È un meccanismo naturale che sarà sempre presente dentro di te. Cercare di bloccarla e scappare da essa la renderà soltanto più forte. Devi muoverti come se questa fosse un'onda.

- Accetta l'ansia. Lascia che stia lì con te. Invitala a passare da te a fare una visita. Dalle il benvenuto. Non importa quanto ti faccia sentire male, lasciala soltanto esistere, perché sai che è innocua.

- Giocaci. Gioca con l'immagine che tu hai di lei. Disegna mentalmente una caricatura che rappresenti la tua ansia. Ridicolizzala, deridila. È il modo migliore per imparare a mancarle di rispetto, in modo da dimenticare il rispetto che tu hai nei suoi confronti e poterla prendere in giro, così che la tua mente possa abituarsi al fatto che non c'è nulla da temere, perché è qualcosa di ridicolmente innocuo.

- Emozionati insieme alla tua ansia. Usa tutta l'energia che questa infonde nel tuo corpo e nella tua mente per esprimere sentimenti positivi. Non sprecare tutta quell'energia lasciandola dentro di te. Trasformala in qualcosa di positivo. Lasciala uscire. Ricorda che permettere a tutta quell'energia di rimanere intrappolata nel tuo corpo ti farà sentire male e stanco. Muoviti, salta, balla, trasforma tutti quei sentimenti in emozioni positive. Rallegrati per l'ansia in modo che il tuo cervello capisca che non si tratti di una minaccia e che non dovresti averne paura.

- Se l'ansia vuole tornare, non ricaderci. Tieniti occupato. Occupa la tua mente con qualcosa di utile. Continua l'attività che stavi facendo quando si presenta l'occasione o dedicati a qualcosa di nuovo se non stavi facendo nulla. Ma non lasciare che il tempo libero sia un campo aperto dove l'ansia possa ritornare per controllarti di nuovo. Dimostra al tuo cervello ansioso che la tua vita sta continuando comunque e che l'ansia non ha più importanza, non ti paralizzerà e non ti controllerà mai più.

- Ripeti questi passaggi ogni volta che lo ritieni necessario fino a quando non sarai un esperto, e quando si avvicinerà un segnale ansioso, non provare paura, non terrorizzarti e non pensare che sia una minaccia. Solo allora avrai il controllo di tutte quelle energie che scorrono dentro di te, e l'ansia diventerà qualcosa così poco rilevante che a malapena le presterai attenzione.

Congratulazioni per essere arrivato fin qui. Ora continua a leggere per capire meglio cosa ti è successo e impara a gestire determinate situazioni in cui ci mette l'ansia.

PARTE 2. I "SINTOMI" DELL'ANSIA E COME AFFRONTARLI

TECNICHE PER TENERE TESTA AI "SINTOMI" DELL'ANSIA

In questo capitolo spiegheremo in modo chiaro e semplice cosa succede nel nostro cervello quando soffriamo di queste fastidiose crisi d'ansia, e quali sono le reazioni appropriate che dobbiamo mettere in pratica relativamente ai quattro step appresi finora.

Come abbiamo spiegato in precedenza, l'ansia è energia nervosa che fluisce all'interno del nostro corpo ma che non scorre normalmente, bensì a grande velocità e con grande intensità. Ci comportiamo come se ci avessero iniettato adrenalina, così come è successo ai nostri amici dell'esperimento che ti abbiamo raccontato nello Step 3.

Dovresti anche ricordare che quando abbiamo un'ansia generalizzata o soffriamo di crisi ansiose, il cervello si attiva e inizia a inviare segnali sbagliati, perché questo viene ingannato a causa dell'ansia. Il cervello "crede" di doversi impostare in uno stato di allerta, come se ci fosse una minaccia.

Questi segnali dal cervello e tutta quell'energia che scorre dentro di noi fanno sì che il nostro corpo risponda, e talvolta questo risponde nella maniera più folle. Il nostro corpo confuso cerca dei modi per reagire a tutti quegli stimoli e tutti quei segnali sbagliati. È lì che iniziamo a sperimentare alcuni dei sintomi più strani.

Ogni persona manifesta o esterna sintomi diversi a seconda della sua personalità, del livello di ansia che sta soffrendo, delle sue paure, del suo stato fisico o medico, del suo grado di affaticamento e così via.

Tuttavia, e sebbene molte persone ansiose provino le sensazioni più folli e strampalate, ci sono alcuni "sintomi" generali comuni alla maggior parte delle persone con ansia.

A breve presenteremo una serie di punti chiave e tecniche che dovresti applicare ogni volta che senti uno di questi sintomi. Queste tecniche si basano sui quattro step, ma aggiungeremo alcune varianti o dettagli. Sebbene possa sembrare ripetitivo, è necessario rafforzare il concetto del metodo in determinate situazioni.

Cercheremo anche di farti capire perché il tuo corpo ti faccia provare quelle sensazioni. Vogliamo chiarire il fatto che quando parliamo di sintomi, intendiamo le sensazioni e non i "sintomi" di una malattia.

Dobbiamo anche chiarire il fatto che è sempre positivo andare dal medico per una visita, ma bisogna farlo in modo preventivo e non seguendo impulsi ipocondriaci, che sono molto comuni nelle persone con ansia generalizzata.

PRIMO: I "SINTOMI" FISICI

1. ATTACCHI DI PANICO

Gli attacchi di panico si verificano in persone con alti livelli di ansia. Diciamo che, su una presunta scala da 1 a 10, una persona con un livello di ansia da 8 in poi probabilmente soffrirà di attacchi di panico.

Per capire cosa significa sperimentare qualcosa di così spiacevole come un attacco di panico, devi provarlo sulla tua pelle. Gli attacchi di panico sono indelebili, e a volte difficili da spiegare. Ma se ne hai già avuto uno, sai di cosa stiamo parlando.

Cos'è un attacco di panico?

Ricorda quando abbiamo detto che l'ansia è un meccanismo di difesa. L'uomo nella nostra storia, minacciato da una bestia o da un elemento naturale, era in stato di allerta e il suo corpo e la sua mente si stavano preparando a una risposta di attacco o fuga.

Quando una persona con ansia subisce un attacco di panico, ciò è dovuto a un'attivazione falsa e non necessaria di quella reazione di attacco o fuga.

Gli attacchi di panico compaiono all'improvviso, e queste sono soltanto alcune delle sensazioni che ci fanno provare:

- Palpitazioni, extrasistoli e tachicardia
- Intorpidimento e formicolio
- Sudorazione abbondante
- Tremori

- Dolore al petto e sensazione di soffocamento o asfissia
- Nausea e vertigini
- Sensazione di irrealtà
- Brividi e soffocamenti
- Ma soprattutto, la sensazione intensa di essere sul punto di morire, o che qualcosa di molto brutto stia per accadere

Quando una persona ha il suo primo attacco di panico, immediatamente si fissa nel cervello una paura incontrollabile del fatto che possa accadere di nuovo. La prima cosa che dobbiamo dirti è che per quanto possano essere sgradevoli, per quanto ti facciano stare male e per quanta paura ti facciano provare, gli attacchi di panico sono innocui.

Nessuno muore per un attacco di panico. Non succede nulla di orribile quando si ha un attacco di panico, oltre alla paura e alle sensazioni che questo ti fa provare.

Gli attacchi di panico non sono i tuoi nemici, sono le risposte del tuo corpo e del tuo cervello che cercano di proteggerti. È un vecchio meccanismo di protezione biologica che rilascia moltissimi ormoni dello stress in modo da poter combattere una minaccia o avere la capacità di fuggire il più velocemente possibile.

Il meccanismo era molto utile quando un tempo dovevamo scappare da una bestia dietro un albero, ma se ti trovi semplicemente in metropolitana, in autobus o in ufficio, non hai bisogno di tutti quegli ormoni e risposte.

COSA FARE IN CASO DI ATTACCO DI PANICO

Quando senti avvicinarsi un terrore imminente, sicuramente ti porrai le domande tipiche dello Step 1, del tipo:

"Cosa succederebbe se... avessi un infarto?"

La prima cosa che devi fare è ricordarti questo:

Cos'è successo ogni volta che hai avuto un attacco di panico?

Cos'è successo dopo che hai avuto la sensazione di non poterlo sopportare più?

La risposta sarà questa: "E allora... Non è mai successo nulla".

Ed è certo. È arrivato al suo apice e poi non è successo più niente.

Non importa quanto sia intenso il prossimo attacco di panico che vedi arrivare, alla fine sparirà comunque lo stesso senza farti alcun danno.

Devi tener chiaro in mente che tutti i medici, gli psicologi, gli psichiatri e molte persone che hanno già sofferto di attacchi di panico sanno che questi sono innocui. Quindi anche tu devi esserne sicuro.

CHIEDI DI PIÙ ALL'ATTACCO DI PANICO

Per fissarti questa idea nella tua mente, per convincerti che l'attacco di panico è innocuo e che non accade mai nulla dopo, devi mettere in pratica questa tecnica.

Il segreto è sbarazzarsi della paura, smettere di avere paura delle sensazioni. Quando hai un attacco di panico, devi lasciarti "emozionare" dall'ansia con una forza maggiore.

Ti ricordi quando abbiamo detto nello Step 3 che dovresti emozionarti, liberare tutta quell'energia?

Quando senti un attacco di panico, emozionati, corri verso di lui, chiedigli di darti di più, affrettalo, fagli pressione, chiedigli di più, chiedigli di diventare più aggressivo.

Puoi dire tra te e te frasi come:

"Andiamo! Che cosa mi farai?"

"Voglio di più!"

"Mostrami di più!".

Mentre parli con il tuo attacco di panico, puoi "gettarti a morto". Sdraiati a terra, cadi, chiedi all'attacco di panico di farti il peggio, perché possa "ucciderti".

Forse quando leggerai queste parole, potresti provare paura o rifiuto e dirai a te stesso: "Non sono così pazzo da chiedere all'attacco di panico di darmi di più. Ne ho abbastanza di lui". Ma non resistere. Non ti chiederemo mai di fare qualcosa che possa farti del male. Questo è il modo più veloce per fulminare gli attacchi di panico.

Fallo!

Mentre ti eserciti con questa parte, i livelli di adrenalina e stress aumenteranno, ma raggiungeranno il loro picco più alto e poi finalmente inizieranno a diminuire. Nel frattempo, dovresti essere consapevole che nel fare questo, non hai corso alcun pericolo. Attraverserai persino il processo con piena consapevolezza di ciò che ti sta accadendo, capendolo logicamente.

Può succedere che tu possa iniziare a sentire di nuovo il vento impetuoso dell'attacco di panico anche dopo che la sua intensità è diminuita. Questo perché nel sangue scorrono ancora quelle sostanze che producono eccitazione nervosa. Dovrai attendere alcuni minuti prima che queste scompaiano e mentre lo fai, muoviti, salta, canta, fai qualcosa che ti aiuti a scaricare energia e a finire di drenare.

Agendo in questo modo, causerai una sorta di cortocircuito che spegnerà l'interruttore della paura. La parte razionale del tuo cervello invierà un segnale alla parte emotiva, e ti farà capire che in realtà non c'è davvero alcun pericolo. Il cervello emotivo disattiverà i segnali di allarme e inizierà a scartare l'idea di riaccenderli.

Dopo aver praticato questa tecnica due o tre volte, la maggior parte delle persone non ha più riavuto un attacco di panico. E quando gli attacchi di panico scompaiono, significa che il livello di ansia è ora su una scala inferiore.

2. SENSAZIONI NEL CUORE

La maggior parte delle persone che soffrono di ansia o attacchi di panico hanno a volte temuto per la salute del proprio cuore. Questo perché provano costantemente sensazioni come palpitazioni, tachicardie, strette al cuore o alterazioni del battito cardiaco.

È probabile che tu sia uno di quelli che sono andati a verificare il buono stato di salute del proprio cuore e sicuramente il medico ti avrà detto che è tutto in ordine. Ma dato che continui a sentire queste strane palpitazioni e movimenti nel tuo petto, inclusa l'oppressione, temi di soffrire di una patologia che il tuo medico non è stato in grado di diagnosticare.

PALPITAZIONI

Le palpitazioni sono i momenti in cui il cuore inizia improvvisamente a battere più velocemente del normale, per un breve periodo di tempo. E ciò ti fa allarmare, perché pensi che ti possa provocare un infarto. Quando inizi a sentire paura, probabilmente il cuore inizierà a battere più velocemente, per poi lasciare spazio alla tachicardia.

Dovresti sapere che le palpitazioni sono completamente naturali e si verificano nella maggior parte delle persone. A volte sono causate dall'esaurimento, a volte da stimolanti come il caffè. A volte è il cuore che sta semplicemente tentando di riorganizzarsi. Non aver paura delle palpitazioni. Il tuo cuore è un muscolo molto forte, e non si fermerà né esploderà improvvisamente solo perché hai avuto una palpitazione.

STRETTE AL CUORE O EXTRASISTOLI

Si tratta di battiti persi, ovvero quando il ritmo cambia improvvisamente e c'è un battito in più tra quelli normali. Quando lo senti, il tuo cuore potrebbe accelerarsi e iniziare a battere più velocemente. Potresti congelarti per il terrore. Ma non temere. Generalmente questi tipi di battiti sono innocui.

Ricorda che il tuo cuore, non importa quanto forte e sano sia, non è una macchina perfetta, non è un orologio svizzero. A volte cambierà il suo ritmo. Accelera o rallenta. Potresti avere un battito in più o un battito in meno. Non importa. Non succede niente. Sono solo dei normali cambiamenti che si verificano nel nostro cuore.

COSA FARE IN CASO DI PALPITAZIONI E EXTRASISTOLI

Quando compaiono le palpitazioni, tachicardie o extrasistoli, ti vengono immediatamente in mente le domande: "Cosa succederebbe... se il mio cuore non smettesse di battere così forte e improvvisamente si fermasse?"

E la risposta dovrebbe essere qualcosa del tipo: "E allora! So che il mio cuore è in buona salute. Sta solo avendo un momento diverso".

L'importante è disattivare fin dallo Step 1 la paura iniziale che ti pervade quando ti chiedi cosa potrebbe succedere. Togli semplicemente importanza alla questione. Lascia che il tuo cuore batta al ritmo che ti sembri più conveniente. Non provare a controllarlo. Lascia che il tuo battito cardiaco scorra, salga e scenda assieme al tuo cuore. Fidati di lui. Il tuo cuore sa cosa sta facendo.

Da ora in poi, potrai stipulare un accordo verbale con il tuo cuore. Gli dirai: "Cuore, mi fido di te al 100%. Ti lascerò fare ciò che più ti si addice". Dando al tuo cuore il permesso di fare ciò che gli più va, ti libererai dall'ansia di dover controllare il tuo battito cardiaco.

Nel caso in cui queste palpitazioni vogliano trasformarsi in sensazioni di panico o in un possibile attacco di panico, sai già cosa fare. Corri verso l'attacco di panico. Emozionati e chiedigli di darti di più. Dopo aver disattivato la paura, segui lo Step 4. Continua con quello che stavi facendo. Tieniti occupato con qualcosa. Lascia che il tuo cuore ci sia e che esista. Non controllare il polso, non controllare le palpitazioni. La tua vita va avanti anche se il tuo cuore sta facendo cose che ti sembrano strane.

3. RESPIRAZIONE ANSIOSA – AFFANNI – SOFFOCAMENTO

Quando sei ansioso, respiri male ma non te ne rendi conto. Un modo di respirare inadeguato provoca qualsiasi tipo di sensazioni: soffocamento, senso di costrizione al torace, vertigini e molti altri. Quando ciò accade, inizi a temere di avere un infarto o di soffocare per non in essere in grado di fare il respiro successivo.

Se arrivi all'iperventilazione, tutti i "sintomi" si innescheranno e potresti disperarti. Ma non farlo. Non morirai soffocato né avrai un infarto.

COSA FARE IN CASO DI SOFFOCAMENTO

Il senso di oppressione al petto è uno dei disagi più comuni tra le persone ansiose. Così come l'oppressione in gola e, come tutti gli altri, questi disagi sono innocui. Molti dicono di sentirsi come se avessero un peso o una fascia che fa loro pressione sul petto. Altri dicono di sentirsi come se gli stessero stringendo il collo.

L'oppressione al petto e alla gola è causata sia da una respirazione inadeguata che da problemi digestivi derivanti dallo stress. Se sei ansioso, i nervi tendono ad "afferrarti" per lo stomaco. Lo stress può causare reflusso o cattiva digestione, con la conseguente presenza di sostanze chimiche nell'apparato digerente.

Queste sostanze toccano i nervi di quella zona e, a loro volta, emettono segni di dolore o disagio che poi si irradiano e vengono percepiti come "dolore" o senso di oppressione al petto se si verifica nello stomaco, e come oppressione alla gola se si verifica nell'esofago. Quando ti succede, tendi a pensare di star soffocando o che c'è qualcosa che non va nel tuo cuore. Ma è solo il tuo sistema digestivo, che sta inviando risposte ai livelli di stress accentuati.

Ti potresti chiedere...

"E se avessi un infarto?"

"E se avessi una malattia al cuore?"

"Cosa succederebbe se mi si chiudesse così tanto la gola al punto da soffocare?".

Risposta: "E allora... Non mi è successo nulla quando ho avuto questa sensazione per la prima volta. Non è il mio cuore, non morirò asfissiato. È soltanto il mio stomaco".

Quindi, per proseguire, accetta queste sensazioni e lascia che siano lì... Dopotutto, non ti faranno nulla. Puoi anche ridicolizzare, come hai fatto nello Step 2, la visione che hai di quelle sensazioni. Arriverà un punto in cui queste smetteranno di causarti così tanto disagio. Basterà prenderle in giro. Se le minimizzi, smetterai di essere così teso e queste scompariranno.

Non paralizzarti credendo che la gola si possa chiudere completamente o che tu stia per avere un infarto. Continua con la tua vita. Domani sarai ancora lì e molto probabilmente non ti sentirai più così.

COSA FARE IN CASO DI SENSAZIONE DI SOFFOCAMENTO E IPERVENTILAZIONE

Le persone stressate e ansiose respirano male. Il loro respiro è superficiale. Potresti non rendertene conto, ma quando sei ansioso, respiri più velocemente prendendo aria più frequentemente di una persona rilassata. Questo fa sì che il tuo cervello si riempia con più ossigeno del necessario e provochi uno squilibrio tra i livelli di ossigeno e anidride carbonica presenti nel sangue e nel cervello.

Questo squilibrio accende i già noti allarmi e qualsiasi tipo di sensazione inizierà a disturbarti. Ti senti come se i tuoi polmoni non ti fornissero l'ossigeno di cui hai bisogno, anche se è esattamente il contrario, perché stai riempiendo il tuo cervello con più ossigeno del dovuto.

Questo tipo di sensazioni ti fa continuare a controllare il modo in cui respiri. Quando hai un respiro ansioso puoi persino iperventilare, cioè quando il tuo respiro è così breve e veloce che questo squilibrio di cui stiamo parlando diventa più violento e finisce per stressarti ancora di più.

Ma insistiamo, non ti ucciderà. Devi solo imparare a respirare correttamente.

Nel frattempo, applica immediatamente lo Step 1 quando ti vengono in mente certi pensieri. "Cosa succederebbe se... svenissi a causa della mancanza di ossigeno o se arrivasse un momento in cui non riesco più a respirare?" Non lasciare che questo ti preoccupi. Potresti passare ore e ore con la paura di non poter respirare, ma credici, finirai sempre per farlo.

La risposta corretta dovrebbe essere qualcosa del genere: "E allora! Tutte le volte che ho iperventilato non sono svenuto. E se dovessi svenire, qualcuno mi verrà a prendere o semplicemente mi alzerò di nuovo". Inoltre, dovresti capire quanto segue: non importa quanto tu ci stia provando, non smetterai di respirare.

La respirazione non è volontaria; non importa quanto tu stia provando a controllarla, non ci riuscirai. Finirai sempre per respirare. La respirazione è naturale, avviene da sola, non ha bisogno di te.

Convincendoti di quanto sopra, potrai continuare ad applicare i passaggi anche se il tuo respiro è ancora agitato, ma avere questa conoscenza ti darà un po' di tranquillità e infine dovrai rilassarti o almeno mantenere un livello che non ti porti ad avere un attacco di panico dovuto all'iperventilazione.

Cerca anche di minimizzare questo punto. Dimenticati del modo in cui respiri e continua con la tua vita, con le attività che stavi facendo (Step 4).

Ad ogni modo, alla fine del libro abbiamo aggiunto alcuni suggerimenti che possono aiutarti con questo e altri problemi. Ma nel frattempo, ricorda di affrontare qualsiasi attacco di panico seguendo i quattro passaggi.

4. SVENIMENTI – NAUSEE - VERTIGINI

Le nausee e le vertigini provate da persone con alti livelli di ansia o panico sono di solito causate da problemi respiratori. Si tratta di uno degli inconvenienti più scomodi, e questo perché ti rende vulnerabile. Quando hai nausea e provi un senso di vertigine o instabilità, hai paura di svenire. Hai la sensazione che ti possa succedere qualcosa di brutto quando ti trovi in un luogo pubblico circondato da estranei.

L'iperventilazione è uno dei principali fattori scatenanti di questo tipo di perdita di sensi o instabilità. Potresti anche voler evitare di affrontare determinate situazioni perché ritieni che possa succedere qualcosa di spiacevole mentre ti trovi in un luogo che non consideri "sicuro".

Ora fai attenzione: è molto raro che una persona ansiosa che prova queste sensazioni di vertigini possa svenire. Lo svenimento è anche un meccanismo di difesa per quando una persona ha una pressione sanguigna molto bassa. Il corpo cade a terra in modo che ne venga facilitato il flusso di sangue al cervello.

Non temere. Lo svenimento è un evento estremamente raro. Dubitiamo che il tuo cervello abbia bisogno di più sangue di quello che già scorre, quindi non aver paura di svenire. Questa sensazione è anche dovuta al fatto che c'è molta adrenalina e ormoni dello stress che fluiscono attraverso il sangue, quindi il tuo cervello ansioso suppone che ci sia una minaccia. Ma sai già che questa minaccia non esiste.

Parlando ancora del nostro amico, l'uomo preistorico, immagina se questo fosse svenuto ogni volta che il suo sangue scorreva più veloce o se la sua adrenalina fosse a mille solo perché si sentiva minacciato. La storia dell'umanità sarebbe stata diversa. Gli umani non sarebbero sopravvissuti se fossero svenuti ogni volta.

COSA FARE SE SI HA PAURA DI SVENIRE

Quando ti senti nauseato, debole e stordito, arrivano i pensieri dannosi e inizi a spaventarti perché pensi che stai per svenire: disattivali immediatamente con una risposta secca: "E allora... se svengo, svengo. Non ho potuto farne a meno. Mi risveglierò tra un attimo".

Se la sensazione di vertigini è molto forte, ti consigliamo di cercare un posto dove sederti in modo da poterti stabilizzare. Se hai nausea o vertigini mentre stai guidando, è sempre una buona idea fermarsi un po' per cercare di riprenderti e orientarti prima di continuare con la guida.

Nel frattempo, accetta queste sensazioni dicendo qualcosa del tipo: "Permetto al mio corpo di avere le vertigini".

Quando la paura di svenire è persistente e ti sta portando a un possibile attacco di panico, allora dovresti emozionarti con quella sensazione, proprio come ti abbiamo consigliato prima per gli attacchi di panico.

Sfida la tua ansia. Dille di farti svenire. Chiediglielo, dille qualcosa come: "Mi stai rendendo più debole? Ok. E allora fammi svenire. Andiamo! Fammi svenire".

In questo momento potrai anche stenderti a terra. Naturalmente, non perderai conoscenza. Quindi continua a sfidare la tua ansia: "Non mi farai svenire? Bene, io mi alzerò e continuerò con la mia vita".

È chiaro che l'ansia non ti farà svenire, per quanto tu glielo stia chiedendo. Più lo ripeti, più la paura finirà per scomparire. Dopo averlo fatto, dovresti ricominciare a tenerti occupato con qualcosa, mantenere il tuo interesse su qualcosa di utile, continuare con la tua vita anche se hai un po' di vertigini, purché queste non rappresentino un rischio per quell'attività (guidare, ad esempio). In quei casi, lo sai già, fermati un attimo per stabilizzarti e poi continua.

Attenzione: è importante non evitare le situazioni in cui si inizia comunemente a sentirsi girare la testa o a svenire. Continua a fare quelle attività anche se ti spaventano. Non evitarle, continua con la tua vita.

5. NAUSEA

Abbiamo già detto che l'ansia ha un grande impatto sull'apparato digerente e sulla regione addominale. In certe occasioni, le persone ansiose possono provare una sorta di nervosismo nella bocca dello stomaco, qualcosa di simile a quando parliamo delle "farfalle nello stomaco". Molte volte, questo disagio ci fa temere il vomito e la paura aumenta ancora di più la sensazione di nausea, aumentando le probabilità di vomitare.

Sicuramente, questa paura del vomito e queste nausee sono più intense quando ci si trova lontano da casa. A casa ti senti più sicuro e pensi di poter semplicemente andare in bagno a vomitare. C'è meno stress in gioco e, semplicemente, non hai paura. Non avendo paura, lo stomaco si rilassa. Se invece ti trovi in altri luoghi o situazioni, la tua paura aumenta perché il desiderio di vomitare rappresenta un disturbo molto più evidente e scomodo. In ogni caso, ti diremo sempre la stessa cosa: vomitare o provare nausea non è un pericolo. Non ti ucciderà, e se vomiti non è la fine del mondo.

COSA FARE SE SI HA PAURA DI VOMITARE

Sai già che la prima cosa da fare è eliminare ogni pensiero che inizia con "Cosa succederebbe se...?".

Forse ti potrebbero venire alla mente idee come: "Cosa succederebbe se vomitassi?". Seppellisci questa paura con risposte come questa: "Non importa. Qui con me ho una busta in cui posso vomitare se ne ho bisogno. Oppure andrò a vomitare nel lavandino una volta per tutte. Non è un grosso problema, tutti vogliono vomitare".

Dopodiché, consenti a quella sensazione di fluire nel tuo stomaco come meglio preferisci. Non resistere alla sensazione. Ciò ridurrà il livello di stress, ed è molto probabile che lo stomaco si rilassi e smetta di inviare al cervello quel desiderio di vomitare, e che i muscoli addominali inizino a rilassarsi e la nausea diminuisca.

Se stai continuando a farlo ma sei ancora preoccupato di voler vomitare, usa questo prezioso strumento che già conosci: sfida la tua ansia. Chiedile di farti vomitare. All'inizio potrebbe essere necessario portare con te un sacchetto di carta dove poter vomitare, se necessario. È molto probabile che non lo userai mai, ma averlo lì con te ti darà un po' di sollievo.

La verità è che sia se vomiti o no, devi comunque continuare con la tua vita e riprendere i compiti che stavi facendo prima. Ricorda, non dare importanza a questi episodi. Man mano che ti rilassi e perdi le tue paure e angosce, quella sensazione scomparirà per sempre.

ALTRE SENSAZIONI E SINTOMI

A breve ti presenteremo un'altra serie di sensazioni, "sintomi", disagi e risposte che il tuo corpo prova quando soffri di attacchi di ansia o panico. Nei punti precedenti hai già potuto vedere come applicare i quattro passaggi nel caso in cui si verifichino questi disagi. Fondamentalmente è lo stesso principio, ma abbiamo preferito suddividere i sintomi più importanti in modo da avere un'idea più chiara di come farli scomparire.

Tuttavia, ti spiegheremo questi altri inconvenienti di cui parleremo tra poco solo perchè che tu possa capire il motivo per cui ti accadono, anche se aggiungeremo dei brevi consigli. Ma ormai dovresti sapere esattamente cosa fare quando compaiono questi e altri sintomi.

Devi semplicemente applicare i quattro passaggi adattando le frasi, le idee e le risposte al fastidio che vuoi affrontare.

Vogliamo presentare questa spiegazione aggiuntiva in modo che la tua mente logica capisca il meccanismo che ti porta a provare queste strane sensazioni. Esserne più consapevoli rilasserà la parte emotiva della tua mente e ti farà perdere la paura di provare qualsiasi tipo di malessere.

TENSIONE MUSCOLARE - TREMORI

Quando il tuo corpo si prepara alla reazione di attacco o fuga, i muscoli diventano tesi. Soprattutto quelli del collo e della parte superiore del corpo.

Poiché alla fine non fai alcuno sforzo fisico, questa tensione rimane intrappolata nei muscoli per troppo tempo, facendo sentire il tuo corpo teso e rigido. A volte i muscoli iniziano persino a tremare. Ma stai tranquillo, sai già che si tratta soltanto di una reazione all'eccesso di adrenalina.

Puoi provare ad allungarti. Cammina, muoviti un po' per liberare l'energia accumulata. Può essere benefico anche farti da solo dei massaggi o chiedere a qualcuno di massaggiarti per il rilassamento muscolare. Puoi cercare dei tutorial a riguardo su Internet.

SUDORAZIONE

La sudorazione è un meccanismo che permette di mantenere fresco il nostro corpo. In una situazione di attacco o fuga, il tuo corpo ha bisogno di mantenere una temperatura adeguata per non surriscaldarsi al momento di fuggire o affrontare un pericolo.

La cosa negativa è che, dato che si tratta di un falso allarme, inizierai ad accumulare inutilmente sudore e questo può persino causarti una certa vergogna sociale quando questo diventa evidente. E può diventare un circolo vizioso, perché l'angoscia della sudorazione può farti sentire sempre più nervoso e causare ancora più sudorazione. Devi rilassarti. Cerca di rinfrescarti e non ci pensare molto.

COSTANTE VOGLIA DI ANDARE IN BAGNO

Le persone ansiose hanno spesso più voglia di andare in bagno. Può sembrare molto strano, ma è anche questo un meccanismo di difesa e sopravvivenza. Quando una persona, come il nostro amico preistorico, doveva scappare per sfuggire a una minaccia, questa doveva essere il più leggera possibile per scaricare tutto il peso inutile del suo corpo.

Il risultato è che in questo modo si innesca il desiderio di fare pipì o addirittura evacuare. Ecco perché quando abbiamo paura o siamo nervosi, vogliamo andare in bagno. Ovviamente non è necessario evacuare nulla perché non si è in pericolo reale. Però comunque alla fine è anche innocuo, anche se un po' fastidioso. Cerca di rilassarti e di scrollarti via le paure in modo che ciò non ti accada.

DIFFICOLTÀ A INGOIARE

Ti abbiamo già detto che l'ansia può causare una sensazione di oppressione nella regione del collo. Questo nodo alla gola in molti casi rende difficile la deglutizione, ovvero ti rende più difficile ingoiare quando cerchi di bere o mangiare.

All'interno della gola ci sono dei muscoli e, se sei stressato e teso, anche quelli diventano stressati e tesi. Ecco perché hai la sensazione che qualcosa ti stia impiccando. Come per tutto il resto, la chiave sta nel rilassarsi.

Se questo nodo alla gola rappresenta per te un problema molto fastidioso al momento di mangiare, prova a fare quanto segue: masticare, masticare e masticare. Alla fine, la deglutizione, cioè l'atto dell'ingoiare, è un riflesso naturale, quindi finirai sicuramente per ingoiare. La tua gola non si chiuderà al punto da non farti mangiare.

Ricorda che dovresti sempre cercare di rilassarti. Sai già che questo senso di oppressione non è una malattia. Un buon esercizio per sciogliere la tensione è cantare. Canta e canta per ridurre la tensione muscolare intorno al collo e alla gola.

CEFALEA (MAL DI TESTA) - EMICRANIA

Gli alti livelli di ansia e stress causano mal di testa, che a loro volta possono diventare emicranie. Quando diciamo emicrania intendiamo un mal di testa molto più intenso e che ti rende più sensibile alla luce, ai suoni e ai movimenti.

Ad esempio, se lavori davanti al computer, l'emicrania può essere scatenata per il fatto che concentri costantemente lo sguardo sulle luci del monitor.

I dolori di testa di tipologia tensiva sono i più comuni. Questi sono causati dall'irrigidimento dei muscoli del collo, della testa e della parte superiore della schiena. Generalmente, le persone con emicrania cronica soffrono di stress, ansia e persino disturbi depressivi.

L'ansia può scatenare un mal di testa tensivo perché, mantenendo uno stato di stress e angoscia, la tensione muscolare è sempre lì presente.

Anche se è il tuo medico che dovrebbe darti istruzioni su cosa fare di fronte a mal di testa persistenti o attacchi di emicrania, ti consigliamo di provare a massaggiarti delicatamente con la punta delle dita il cuoio capelluto e anche la parte posteriore del collo, per liberare la tensione che sta irradiando dolore alla tua testa.

VISTA OFFUSCATA

Le situazioni di stress, paura, ansia e panico fanno dilatare rapidamente le pupille. Ciò causa una visione offuscata, sebbene questa possa anche essere il risultato di un affaticamento visivo, nel caso in cui si sforzino gli occhi per un lungo periodo o i muscoli oculari inizino a perdere elasticità con l'avanzare dell'età.

L'ansia provoca spesso una vista annebbiata, ma se questa si presenta con altri sintomi come la lacrimazione o la fuoriuscita di secrezioni, è necessario sottoporsi a una visita oculistica.

Ricorda che quando vivi uno stato ansioso, tendi ad essere sempre più stanco. Anche la vista si stanca, quindi è possibile che questa si offuschi. Attualmente, sempre più persone sforzano la vista per dover lavorare davanti a un computer.

Se sei una persona ansiosa e lavori davanti a un computer, è molto probabile che tu abbia la vista offuscata. Ti consigliamo di fare una cosa: quando senti che stai sforzando molto i tuoi occhi, prova a rilassarti un momento, chiudi gli occhi e lasciali riposare per qualche minuto e poi continua con quello che stavi facendo.

GAMBE DEBOLI O TREMOLANTI

Un'altra delle strane esperienze causate dall'ansia è avere la sensazione che le tue gambe siano diventate di gelatina. Senti che sono diventate fragili e deboli. Hai come la sensazione che queste possano spezzarsi e farti cadere.

Ciò è dovuto all'adrenalina che viene rilasciata nel tuo corpo. L'eccesso di questa sostanza può apportare una sensazione di debolezza nei muscoli, specialmente in quelli delle gambe. Quando le persone sono nervose, hanno come la sensazione di non riuscire più ad alzarsi, che le loro gambe non sono abbastanza forti da tenersi in piedi.

Ma in realtà è il contrario. È un segnale del fatto che le gambe si stanno preparando a muoversi, a correre, a scappare o altro. Ecco perché non dovresti temere il fatto di alzarti e camminare. Se stai camminando e inizi a sentire le gambe di gelatina, continua a camminare. Continua a stare in piedi. Non è necessario cercare un posto dove sedersi, perché se lo fai rafforzerai l'idea che le tue gambe sono deboli.

Devi continuare ad esercitarti su questa parte e camminare. Non importa se senti che le tue gambe sono deboli, che stanno per cedere in qualsiasi momento e che ti faranno cadere.

Più lo fai, più il tuo cervello si renderà conto che le tue gambe sono davvero pronte a sorreggerti per fare tutto ciò che desideri.

FORMICOLII - PIZZICORI

I formicolii di solito si verificano all'inizio di un attacco di panico, sebbene compaiano anche soltanto quando sei ansioso. È una sensazione strana, come se dei piccoli aghi stessero pungendo ovunque il tuo corpo.

In medicina questo si chiama parestesia. Dovresti sapere che questo fenomeno non è pericoloso e non ha alcun effetto fisico, quindi non allarmarti. È perfettamente naturale, e quando i tuoi livelli di ansia sono già bassi, scomparirà.

SECONDO: ALTERAZIONI MENTALI

Tutte le sensazioni, le angosce, i pensieri negativi ricorrenti, l'ansia, la paura o le false minacce che si verificano quando si soffre di ansia finiscono per sfinire la mente.

In questa parte del nostro libro imparerai che tutti i disturbi mentali, quelle paure di perdere il controllo, quei pensieri negativi e catastrofici che svolazzano continuamente nella tua mente, non sono segni di una malattia psichiatrica o qualcosa del genere.

È semplicemente che la tua mente è sfinita e invia risposte e segnali sbagliati, proprio come fa il tuo corpo prima dello stimolo della paura.

I pensieri ricorrenti e catastrofici vanno e vengono. Inizi ad avere paura di perdere il controllo, di impazzire. Inizi a provare disperazione al pensiero che resterai così per sempre. Hai paura di finire in un manicomio.

Arrivano i pensieri ipocondriaci, pensi di essere malato e di poter morire. Forse potresti pure deprimerti. Ti senti triste, sopraffatto e senza speranza. Hai paura di uscire fuori e di fare le attività che facevi normalmente una volta.

Vedi il mondo differentemente: le luci, i colori, le persone, tutto ti sembra diverso. Ti senti come se fossi stato intrappolato in un mondo irreale. A volte ti sembra di non riconoscere nemmeno te stesso, di vederti come un estraneo.

Sappiamo quanto questo possa essere spiacevole e devastante. Ma non preoccuparti. Tieni presente che tutto questo è il prodotto di una mente angosciata e stanca.

Quando ti vengono alla mente domande come: "E se impazzissi e venissi chiuso in un manicomio?", non permettere a te stesso di dare una risposta caotica. Applica il metodo. Segui i passaggi. Crea una risposta che abbatti quella paura e quella disperazione.

Può essere una battuta sulla tua follia, sulla tua camicia di forza o qualsiasi altra cosa che dia meno importanza alla situazione.

Ricorda che dovresti anche emozionarti e correre verso le sensazioni, per quanto fastidiose queste possano essere. Se necessario, sfida la tua ansia a renderti "più folle". Non ci riuscirà. Non perderai il controllo e non ti rinchiuderanno in un manicomio. Segui i quattro passaggi e tutto ciò svanirà.

Come abbiamo fatto nella parte precedente, adesso descriveremo alcune delle sensazioni o alterazioni che più frequentemente "attaccano" la mente umana quando si è in uno stato ansioso. Queste informazioni ti aiuteranno a capirne la sua natura e a renderti conto che non è nulla di grave e che tutto ha una soluzione.

Ti daremo alcuni consigli per quando ti si presenteranno davanti queste situazioni, ma non dimenticare: se rispetti il metodo, il tuo grado di ansia diminuirà fino a quando non ti normalizzerai, e tutti questi disagi saranno soltanto un ricordo del passato.

1. PREOCCUPAZIONI AFFRETTATE

Poiché ti trovi in uno stato ansioso, sicuramente ti preoccuperai sempre prima del dovuto e anticiperai qualsiasi evento che ti possa accadere. Ti preoccupi di più perché pensi troppo. Inizi a pensare a quello che farai domani e hai paura di imprevisti che non esistono e che probabilmente non si verificheranno mai.

Provi angoscia per ogni passo che fai e ti riempi di dubbi. Ad esempio, supponiamo che tu sia lontano da casa, impegnato in qualche lavoro o attività sociale. Tutto sta andando bene, ma potrebbe richiedere un po' più tempo di quanto tu ne abbia calcolato.

Ed è qui che si liberano le preoccupazioni affrettate. "E se perdo l'ultimo autobus? E se non riesco a trovare un taxi, come torno a casa?". Pensi di dover prendere decisioni affrettate come quella di partire prima di completare quello che stavi facendo. Oppure svolgi la tua attività senza alcuna serenità perché stai anticipando gli eventi.

Torniamo al meccanismo di attacco e fuga del nostro amico preistorico. Si suppone che qualcosa lo minacciasse, quindi lui doveva stare attento a qualsiasi eventualità che potesse sorgere mentre si impegnava a sopravvivere fuggendo o lottando.

Lo stesso succede a te. I tuoi meccanismi di difesa sono in allerta e la tua mente tende ad anticipare qualsiasi situazione possa verificarsi. Ma sai già che non sei minacciato, quindi tutti quei pensieri sono infondati. Sicuramente lo sai già: questi pensieri non sono dannosi, tutto ciò che fanno è sostenere il tuo stato ansioso. Ma man mano che l'ansia diminuisce, quell'assurda preoccupazione scomparirà.

Nel frattempo, affronta queste preoccupazioni dando risposte che le possano abbattere. "Non posso preoccuparmi di tutto. È assurdo".

Prendi in giro le preoccupazioni affrettate con frasi assurde come questa: "E se mi cadesse addosso un meteorite mentre sto camminando verso casa?"

Prima o poi queste smetteranno di disturbarti.

2. PAURA DI PERDERE IL CONTROLLO

Dopo aver avuto attacchi di panico, tenuto la mente occupata da pensieri catastrofici e provato ogni sorta di strane sensazioni, inizerai a temere il peggio: senti di poter perdere il controllo della tua mente.

Potresti aver paura di finire per commettere un atto folle, come uccidere qualcuno o far schiantare la tua auto contro un muro. All'improvviso, ti viene in mente l'idea che potresti uscire e urlare come un matto per strada o correre senza motivo.

Ti sorge l'idea nefasta di poter finire in un manicomio e che alla fine non saprai nemmeno chi sei. Credi a quello che stiamo per dirti: non perderai il controllo né finirai rinchiuso in un manicomio. Non commetterai alcun atto folle.

Quando ti senti così, devi far riposare la mente. Riposa, non tormentarti con quelle paure. Devi capire il motivo di quelle paure. Senti che il tuo corpo è fuori controllo. Grazie agli ormoni dello stress presenti dentro il tuo sistema nervoso, hai già provato ogni tipo di sensazione. Pertanto pensi che anche la mente sfuggirà al tuo controllo, esattamente nella stessa maniera in cui il tuo corpo è "fuori controllo".

Un modo chiaro per farti sapere che non perderai il controllo è quello di rivedere ciò che è accaduto finora. Molto probabilmente, avrai già avuto attacchi di panico, tremori, paure e qualsiasi altro disturbo mentre ti trovavi in pubblico. Ma in quei momenti, nessuno intorno a te si è reso conto che tu avevi un problema. Hai saputo mantenere un comportamento sociale adeguato quando stava succedendo. Avevi il controllo delle tue azioni.

E così continuerai a fare. Ripeti sempre nella tua testa: "Ho il controllo della mia mente e della mia vita". Quando i livelli di ansia diminuiranno, ricorderai questa fase come fai con le barzellette.

3. PENSIERI CATASTROFICI

Con le crisi d'ansia è molto comune che le persone abbiano pensieri oscuri e catastrofici, come se stesse per accadere loro qualcosa di molto brutto. È comune preoccuparsi di più quando sorgono situazioni che in precedenza non meritavano nemmeno un minimo di angoscia.

Ad esempio, perdi il contatto con una persona cara per qualche giorno e subito inizi immediatamente a pensare che le possa essere successo qualcosa di molto spiacevole. Potresti anche avere dei pensieri macabri in determinate situazioni. Supponiamo che stai aspettando la metropolitana alla fermata e che improvvisamente immagini di buttarti sui binari o contro i vagoni in movimento.

O forse stai guidando e senti che potrebbe verificarsi un incidente mortale. Oppure stai riscaldando qualcosa nel microonde e pensi che questo possa esplodere.

Non ascoltare questi pensieri, portali via, respingili. Sono inutili e innocui. Tutto ciò che fanno è perpetuare le tue paure, se glielo permetti.

Sotterrali con una risposta adeguata. "Sono già annoiato da tutti questi pensieri catastrofici e spaventosi. Non servono a nulla, sono falsi, sono irreali". O qualcosa del genere: "Ansia, sei la benvenuta. Se ti rende più felice mandarmi quei pensieri oscuri e catastrofici, fallo pure. So che non possono farmi del male". Con il passare del tempo, se fai pratica con questo metodo, tutte le idee folli smetteranno di attaccarti.

E lo sappiamo perché ci siamo già passati.

4. DEPRESSIONE

Quando l'ansia ti rende così disperato da cadere in uno stato di depressione, l'importante è che non ti paralizzi di fronte alla tristezza. L'esaurimento fisico e mentale di una persona che soffre di disturbi d'ansia la rende più incline a perdere la propria vitalità.

Se visualizzi un presente e un futuro pieno di preoccupazioni e incertezze, potresti diventare molto vulnerabile e cadere in stati depressivi.

Una volta che inizi a mettere in pratica il metodo che ti stiamo insegnando e i tuoi livelli di ansia iniziano a scendere, ti assicuriamo che nel caso in cui tu fossi caduto in depressione, potrai uscirne. Perché vedrai una luce alla fine del tunnel.

Dovrai sempre applicare i quattro passaggi, che ti serviranno anche per affrontare sentimenti di tristezza e depressione. Non smettere di dare risposte felici, pratiche argute che abbattono i pensieri ansiosi e depressivi. Ripeti in mente o ad alta voce frasi e idee felici.

"Sono felice, la mia vita è piena, ne ho il controllo e ogni volta mi sento sempre meglio". Non importa se ritieni che sia un'affermazione falsa. Convinciti che sia vera, ripetendola ancora e ancora.

Dovresti tenere presente che in una crisi d'ansia, la depressione è di solito una falsa tristezza. Non c'è davvero alcun motivo per stare così. Coraggio.

5. SENSAZIONE DI IRREALTÀ

Molti concorderanno sul fatto che la sensazione di irrealtà è, dopo gli attacchi di panico, il fastidio più difficile da affrontare durante una crisi d'ansia.

A causa della mancanza di sincronia generata dallo stress, il modo in cui percepiamo il mondo cambia. È come se una nebbia distorcesse il modo in cui i tuoi sensi percepiscono la realtà e il modo in cui tu percepisci te stesso. Alcuni lo descrivono come se stessero vedendo il mondo attraverso un velo.

Questa sensazione può essere ricorrente, persistente e persino permanente. Ci sono persone che hanno trascorso giorni e persino settimane immerse in un senso di irrealtà. Sappiamo quanto possa essere angosciante. Senti che qualcosa non va nel tuo cervello e non ti permette di vedere le cose come sono realmente, come se non facessi parte del mondo esterno.

Prima o poi ti dovrà essere successo che mentre stavi interagendo con una persona vicino a te, un familiare o un amico, all'improvviso ti senti come se questa stesse cambiando canale, come se qualcosa si sia mosso e tu non riuscissi più a vedere questa persona come un familiare ma come un estraneo. Guardi tutto ciò che ti circonda e ti sembra anche questo estraneo. Tu stesso ti percepisci come qualcosa di strano e alieno.

Ci sono due elementi che innescano questo fenomeno. Innanzitutto, il fatto che sei ansioso, sconvolto e preoccupato. La chimica del tuo cervello è disturbata e l'ormone dello stress è rimasto nel tuo sistema. In secondo luogo, a causa di questo cambiamento chimico, c'è un ritardo nella trasmissione di informazioni dai sensi ai neurotrasmettitori del cervello e del corpo. C'è un ritardo in questo processo, e si genera quindi una mancanza di sincronia tra sensazioni e percezioni.

È come quando le persone sono ubriache o fanno uso di marijuana.

Queste sostanze "le rallentano". Vedono tutto più lento, diverso. Ma in quei casi, non reagiscono con la paura perché sanno che sono questi stimolanti a far percepire loro la realtà distorta.

Invece, quando hai tu questa sensazione, non ti rendi conto di un leggero e innocuo ritardo nella tua percezione, ed è per questo che ti preoccupi pensando di avere qualche danno al cervello e ti mortifichi con l'idea di rimanere così per sempre. La cosa più importante è sapere che la sensazione di irrealtà o di spersonalizzazione non ti farà più male delle paure e dei disagi che essa comporta.

La cosa peggiore che puoi fare è prestarle molta attenzione. Non opporle resistenza e accettala. Lasciala esistere. Applica i quattro passaggi con pazienza. Più provi a vedere come stai percependo le sensazioni e i segnali che provengono dal mondo esterno o controlli il modo in cui ti vedi, più la tua ansia ti ingannerà e più questo piccolo scompiglio rimarrà all'interno del tuo cervello.

Man mano che i livelli di ansia diminuiscono e il sistema si libera dagli ormoni dello stress, i tuoi sensi cominceranno a inviare le informazioni con la solita sincronia, e tu inizierai a percepire il mondo come hai sempre fatto.

Non sforzarti di cercare di toglierti il "velo" che offusca i tuoi sensi, perché questo genererà ancora più angoscia e stress e finirai per impiegare molto più tempo per sbarazzartene. Dimenticalo, non importa. E proprio come quando succede agli ubriachi quando "gli passa l'effetto", questo accadrà anche a te, non appena avrai raggiunto la serenità. E quindi il velo scomparirà da solo.

6. INSONNIA

È davvero facile soffrire di insonnia quando attraversiamo delle crisi ansiose. Le preoccupazioni e i disagi fisici causano l'insonnia, e l'insonnia a sua volta produce preoccupazione e stanchezza fisica. È un terribile circolo vizioso. Ma questo ciclo può essere spezzato.

Quando si soffre di insonnia, dormire diventa un obbligo che genera stress. Ecco perché l'idea principale non è quella di forzare il sonno o non sentire pressione per riuscire a dormire. Devi solo lasciare che le cose accadano. Quando vai a letto, consideralo come una nuova opportunità per dormire, non vederlo come una costrizione a dormire. Se vai a letto con quella preoccupazione, i tuoi livelli di ansia saliranno alle stelle e sarà più difficile addormentarti.

Se ti mortifichi pensando: "E se stanotte non riesco a dormire? Domani mattina sarò stanchissimo", puoi ripetere frasi come questa: "Andrò a letto. Se riesco a dormire sarebbe fantastico, ma se non ci riesco, non sarà la fine del mondo. Sopravvivrò". Non sentirti frustrato o arrabbiato quando passi la notte in bianco, perché ciò aumenterà sempre di più lo stress ogni notte. Prendila con tranquillità, nessuno soffre di insonnia per sempre.

Sfida la tua insonnia dicendo: "Stasera rimarrò sveglio più che posso, grazie, insonnia". Provalo, cerca di resistere il più possibile. Molto probabilmente a un certo punto finirai per addormentarti.

Alcuni consigli contro l'insonnia:

- Quando vai a letto, non pensare alle attività che dovrai svolgere il giorno dopo, limitati a respirare in maniera rilassata.

- Prima di andare a dormire, fai un bagno caldo con gocce di lavanda o un altro aroma naturale. Ti aiuterà a rilassare i muscoli.

- Prendi 300 milligrammi di magnesio prima di andare a letto. Ti aiuterà a migliorare la qualità del sonno e la salute in generale.

- Regola la temperatura della tua stanza al livello che ti sembra più congeniale.

- Se la tua mente è molto agitata, prova a leggere per un po' prima di spegnere la luce.

- Usa una maschera per dormire che copra gli occhi. Le persone ansiose sono più sensibili alla luce rispetto al resto della gente.

- Se ti svegli nel cuore della notte, non lasciare il letto, perché così invierai alla tua testa il segnale che è finito il momento di dormire. Resta lì il più rilassato possibile.

- Se sei molto alterato o ossessionato dagli eventi in sospeso del giorno successivo, accendi la luce per un momento e prendi nota delle tue preoccupazioni. In questo modo rilascerai stress e energia mentale.

- Guarda su internet dei video tutorial sulla respirazione per rilassarti. Questi esercizi aiutano a raggiungere la tranquillità quando sei disteso al buio.

PARTE 3. COME AFFRONTARE LE FOBIE E LE PAURE

Durante una crisi d'ansia, è molto comune sviluppare paure o fobie di situazioni e attività particolari che prima sembravano normali ma che ora ti spaventano, quindi le eviti a tutti i costi.

Alcune persone possono iniziare ad avere paura di guidare, di trovarsi in luoghi affollati, di viaggiare in aereo e così via. Queste paure non sorgono durante la notte, ma possono essere scatenate da un evento precedente che ti ha causato molta ansia.

Potresti aver avuto il tuo primo attacco di panico mentre guidavi la tua auto. Ed è così che, a poco a poco, inizi ad avere paura di guidare. Altre persone possono aver avuto un'esperienza spiacevole in un posto affollato e, quando devono tornare in posti con molta gente, queste si sentono estremamente ansiose. Ci sono anche quelli che erano sempre abituati a stare da soli ma, poiché soffrono di ansia, hanno paura della solitudine.

Ci sono molte fobie che possono svilupparsi quando sei ansioso, ma qui ne esamineremo alcune molto comuni e vedremo quali tecniche dovresti usare per riprendere a fare quei compiti con naturalezza e calma, proprio come facevi una volta.

L'aspetto più importante che dovresti prendere in considerazione se soffri di qualche fobia è che l'unica cosa da EVITARE a tutti i costi è proprio l'EVITARE. Le paure devono essere affrontate. Se eviti di fare quell'attività o di trovarti in quel posto che ti spaventa così tanto, stai solo rafforzando quella paura. Molte persone ansiose cercano le scuse più insolite per evitare la situazione di cui hanno così paura. Creano una sorta di zona di comfort che non vogliono lasciare. Se sei uno di loro, dovresti saperlo: una zona di comfort dalla quale non si esce mai finirà col diventare una prigione. Non essere prigioniero delle tue fobie.

A seguito ti presentiamo le tecniche che dovresti mettere in pratica per riuscire a smettere di essere prigioniero delle tue paure. Se la tua fobia non appare in questo capitolo, non importa. Ricorda che tutte le tecniche, i metodi e i consigli che forniamo qui sono applicabili a qualsiasi situazione derivata dalla situazione d'ansia in cui ti ritrovi. Ti basta semplicemente adattare i nostri consigli al tuo caso specifico.

1. PAURA DI GUIDARE

Una delle paure più comuni tra le persone ansiose è quella di guidare. Può trattarsi della paura di rimanere intrappolati all'interno dell'auto quando il traffico è congestionato, o della paura di perdere il controllo durante la guida e causare un incidente mortale.

Ci sono persone che, a causa di queste paure, hanno trascorso anni senza guidare un'auto. Pensano che potrebbero avere un attacco di panico o una crisi ansiosa e che ciò possa distrarli e farli scontrare.

Il paradosso è che la maggior parte delle persone ansiose tendono ad essere più caute quando guidano la propria auto rispetto al resto degli altri conducenti. Questo è proprio perché gli ansiosi hanno alti livelli di allerta sensoriale, cioè sono molto più consapevoli di ciò che accade intorno a loro e i loro sensi hanno una maggiore capacità di captare le situazioni mentre si è alla guida. Quindi, il primo punto da ricordare è che se sei sempre stato un buon guidatore, il fatto che tu ora sia ansioso non ti rende un cattivo guidatore e che, se hai mai avuto un incidente, ciò non significa che ne avrai un altro. Smetti di preoccuparti.

L'altra situazione che abbiamo menzionato riguarda il terrore di rimanere intrappolati in mezzo al traffico e che non c'è altro modo di scappare. In questo caso, la cosa più importante da tenere a mente è che, in qualunque caso, il traffico finirà per fluire nuovamente. Non resterà paralizzato a vita e ci sarà sempre una via d'uscita.

La prima cosa da fare per eliminare una volta per tutte la paura di guidare è metterti al volante. Puoi iniziare con un percorso molto breve e tranquillo, ad esempio in un parcheggio o in una strada trafficata la domenica. Tutto dipenderà dal tuo grado di paura della guida. Sicuramente, quando inizierai a guidare, i sintomi di ansia e panico ricompariranno, e a quel punto ti verranno in mente le solite domande ansiose.

"Cosa succederebbe se avessi un attacco durante la guida e mi facesse schiantare?" O magari: "Cosa succederebbe se la mia macchina avesse un guasto e io rimanessi bloccato lontano da casa?" Potresti rispondere con qualcosa del tipo: "E allora? Se ho un attacco di panico so come affrontarlo". Puoi anche dirti: "Se la mia macchina è rimasta bloccata, chiamerò un meccanico o un carroattrezzi per aiutarmi".

Vai sempre più il più lontano possibile. Se percepisci dei segni di panico, di allerta o hai dei pensieri ansiosi, continua ancora per la tua strada. Abbatti quelle idee fatalistiche con delle risposte appropriate. Consenti all'ansia di inviarti tutte le sensazioni che desideri e accettale. Se non resisti a questa agitazione nervosa mentre guidi, l'alterazione abbasserà i tuoi livelli, perché dopo tutto non accadrà nulla; non ti schianterai e potresti anche non avere un attacco di panico. Ormai, giunto a questo punto, sai già come affrontarlo. Se dovessi sentirti nauseato o debole, puoi fermare la macchina per alcuni minuti fino a quando non ti stabilizzi e quindi continuare.

Continua a seguire tutti e quattro i passaggi. Presta attenzione a tutto ciò che fai durante la guida. Osserva le altre macchine, prendi il controllo di ciò che stai facendo e smetti di dare importanza ai sentimenti e ai segnali ansiosi che potresti provare in quel momento. Ricorda che l'obiettivo non è eliminare quelle sensazioni, ma quello di non aver paura di loro.

Importante: se non avverti dei segnali di ansia durante la guida, è possibile che non tu stia abbandonando la zona di comfort. Cerca di andare il più lontano possibile ogni volta che ci provi. Le prime volte, se desideri, potrai essere accompagnato da un'altra persona, ma poi devi provarci da solo. Sfida te stesso fino ad arrivare al punto in cui inizi a sentire i sintomi dell'ansia, perché l'obiettivo di questo esercizio è quello di essere in grado di mettersi al volante anche se si provano delle sensazioni ansiose. È l'unico modo per superarlo.

Uno strumento che potresti utilizzare per aiutarti a rendere questo processo più divertente è cantare. Aggiungi della musica allo Step 3, divertiti cantando le tue canzoni preferite per farti sentire più a tuo agio e liberare energia. Completa tutti e quattro i passaggi fino alla fine. Esegui questo esercizio finché non senti di essere in grado di guidare indipendentemente dai sintomi ansiosi. Puoi farcela!

2. PAURA DELLE SITUAZIONI DALLE QUALI "NON SI PUÒ SFUGGIRE"

In questa parte faremo riferimento alla fobia di rimanere intrappolati. Esistono due diversi tipi di situazioni: quelle da cui è possibile uscire, ma che sarebbero "malviste" socialmente se si scappasse (ad esempio, incontri di lavoro, messe, fila alla cassa del supermercato, cinema, teatri), e quelle in cui è obbligatoriamente necessario aspettare prima di poterne uscire (salire o scendere in ascensore, viaggiare in metropolitana o in autobus, volare in aereo).

Adesso ci occuperemo solo del primo caso, cioè quello in cui si è "socialmente intrappolati". La vera paura in questo tipo di situazioni non è esattamente il fatto di essere bloccati, bensì la vergogna o lo stress sociale che implicherebbe il "fuggire" da quel luogo, dal momento che non si è realmente obbligati a rimanere lì e che non si è stati imprigionati da nessuno. Puoi lasciare quel luogo se lo desideri, ma ciò significherebbe un comportamento socialmente "riprovevole", quindi proverai pressione sociale e stress.

Inizi a farti domande del tipo: "Cosa penseranno gli altri se non ce la facessi più e lasciassi la riunione all'improvviso?". Devi rispondere in maniera appropriata: "E allora? Se voglio farlo, posso dire qualche scusa ed uscire, perché nessuno mi ha incatenato qui". Questo tipo di risposte non ti dà una scusa per evitare di trovarti in quelle situazioni o per fuggire da esse, ma piuttosto evita di crearti più ansia e paura senza una ragione giustificata.

Per risolvere questo problema, supponiamo il seguente esempio. Immagina di trovarti dal parrucchiere o barbiere. Sai che devi rimanere seduto su quella sedia durante il servizio che ti stanno dando, e questo ti crea stress e ansia.

Oltre a rispondere alle tue domande ansiose in maniera adeguata, devi accettare tutti i segni che l'adrenalina produce nel tuo corpo. Calma la tua angoscia ripetendo tra te e te: "Se sento che dovrei uscire di qui, dirò al parrucchiere di scusarmi per un minuto perché devo allungare le gambe. Non importa cosa pensi". Se dopo pochi minuti l'adrenalina inizia a scorrere, non opporre resistenza alle sensazioni che essa produce. Né dovresti mortificarti nel caso in cui la persona che ti sta sistemando i capelli capisca che c'è qualcosa non va in te. Non importa davvero. Lascia solo passare il tempo mentre applichi i primi due passaggi. Se vedi che ti stai agitando, allora è tempo di emozionarti e di "correre" internamente seguendo il ritmo della tua ansia.

Potresti chiudere gli occhi e burlarti mentalmente della situazione e delle tue paure, immaginando di alzarti e ballare con tutte le persone che si trovano in quel luogo. O pensare a qualsiasi altra idea divertente che ti possa venire in mente. Mentre l'intensità diminuisce, prova a seguire il quarto step, leggendo una rivista o chiacchierando con il tuo parrucchiere. L'importante è che il processo segua il suo corso senza che tu ti paralizzi o scappi. La prossima volta sarà molto più semplice.

3. PAURA DI RESTARE FISICAMENTE INTRAPPOLATO

Però... E se sei davvero intrappolato fisicamente? Se devi volare in aereo, fare un lungo viaggio, andare su e giù con l'ascensore dai piani alti, dovrai aspettare fino alla fine del viaggio per "uscirne". Questa è una delle più grandi paure delle persone ansiose.

Concentriamoci su questa parte con l'esempio di viaggiare in aereo. In questo caso, non è che puoi dare una scusa e scappare. Devi aspettare per uscire da lì. Dobbiamo chiarire però che qui non ci stiamo riferendo alla paura di subire un incidente aereo, ma all'attacco di panico dovuto all'essere intrappolati all'interno di un aereo.

La prima cosa da fare è pianificare bene il viaggio. Se già il fatto di dover viaggiare in aereo ti rende nervoso, ansioso e stressato, non aggiungere più legna al fuoco lasciando tutto all'ultimo minuto. Evita di correre in aeroporto e iniziare il volo con uno shock. Inoltre, riposa molto bene e dormi abbastanza durante la notte o durante le ore prima del viaggio.

In questo modo non sarai affaticato, il che sarebbe controproducente, poiché la fatica fisica e mentale contribuirebbe a scatenare l'ansia durante il volo.

Informati su come raggiungere l'aeroporto con abbastanza anticipo. Fai i bagagli con calma. I momenti che precedono il viaggio dovrebbero essere il più tranquilli possibili.

Una volta salito a bordo dell'aereo, le sensazioni di ansia inizieranno a riemergere sicuramente. Non opporre resistenza a loro. Inoltre, devi viaggiare aspettando e sapendo che gli allarmi verranno attivati, e questo non dovrebbe più essere una sorpresa per te. Il momento del decollo è di solito il più stressante per la maggior parte dei viaggiatori.

In quel momento ripeti internamente: "Sono emozionato di viaggiare in aereo, sono entusiasta di volare". Ripetilo e divertiti davvero, volare è davvero emozionante.

Quando la tua testa è inondata da pensieri angoscianti e ti chiedi se avrai un attacco di panico o un'intensa crisi d'ansia mentre sei lì "bloccato" sull'aereo, devi rispondere: "Sarà solo scomodo e spiacevole, ma non mi ucciderà e alla fine scomparirà".

Se ti viene in mente una qualsiasi preoccupazione per una possibile turbolenza, rispondi così: "Non importa. Se c'è una turbolenza, penserò che stia andando sulle montagne russe. Inoltre, gli aeroplani sono dei veicoli molto sicuri e i piloti sono preparati per questo, ed è normale".

Quando vengono attivate le sensazioni ansiose, accettale con la consapevolezza che queste non possono farti del male. Se l'adrenalina aumenta così tanto da minacciarti con un attacco di panico, pensa questo: "Eccoti, panico. Mi aspettavo che ti presentassi durante il volo. Benvenuto". Quindi devi emozionarti, chiedere di più dalla tua ansia, chiederle di inviarti tutti i segnali che desidera. Sappiamo che non è facile implementare queste raccomandazioni mentre si è stressati durante un volo.

Sappiamo che ci sono molti ormoni dello stress nel tuo sistema, ma più ti emozioni e più sei esigente nei confronti del panico nel bel mezzo del volo, più ti sentirai sicuro, perché avrai il potere e il controllo sulla tua ansia.

Se si tratta di un viaggio lungo, le ondate di adrenalina andranno e verranno più volte. Man mano che affronti gli attacchi e segui i quattro passaggi, finirai per riacquistare la tua sicurezza, in modo che nel prossimo attacco le tue paure saranno inferiori rispetto a quello precedente.

Quando i livelli di ansia sono più bassi, concentra la tua attenzione su qualcosa di importante o interessante, tieniti occupato con qualcosa. Puoi leggere un libro o una rivista, guardare un film, ascoltare musica rilassante. L'idea è quella di continuare come se nulla fosse successo.

Quando finirai il viaggio, ti sentirai soddisfatto e sarai più preparato per la prossima volta che dovrai salire su un aereo, perché il tuo cervello avrà capito che non serve aver paura degli attacchi di panico durante i voli e che, anche se in qualche modo sei stato "intrappolato fisicamente", questa condizione non durerà per sempre e sarai dunque riuscito a raggiungere la tua destinazione.

4. PAURA DI PARLARE IN PUBBLICO

Quando diciamo 'parlare in pubblico', ci riferiamo non solo al parlare in un auditorium con un gran numero di persone, ma a qualsiasi situazione in cui è necessario esprimere oralmente le proprie idee davanti a un gruppo.

Può trattarsi di un incontro di lavoro, la presentazione di un progetto studentesco, un colloquio di lavoro. Questo tipo di situazione può rendere una persona molto ansiosa, per la paura di avere un attacco proprio mentre si sta parlando. Potresti stressarti al pensare che i tuoi spettatori possano notare che sei nervoso e pensino male di te. O che i tuoi nervi possano ostacolare il tuo modo di parlare.

Sicuramente ti starai chiedendo come applicare i quattro passaggi del nostro metodo mentre stai parlando di fronte ad altre persone, senza avere tempo o spazio per convincere te stesso, come in altre situazioni delle quali abbiamo discusso in precedenza.

La prima raccomandazione è quella di preparare in anticipo una serie di domande ansiose che potrebbero attaccarti durante l'evento e dare delle risposte pertinenti. In questo modo, prima del momento del discorso, avrai già nella tua testa le risposte che faranno crollare i tuoi pensieri caotici.

Fai una lista delle possibili domande e risposte. Ad esempio:

"E se mi viene un attacco di panico mentre mi guardano tutti?". "Non importa. Non se ne accorgeranno, perchè io utilizzerò questa energia per dare enfasi alle mie parole".

"E se si accorgono che sono nervoso?". "E quindi... Anche loro sicuramente saranno stati così nervosi come lo sono io, e sanno cosa vuol dire". "E se ho un vuoto e mi dimentico cosa devo dire?". "Non succederà. La mia mente è preparata e ben sveglia, e avrà tutte le informazioni che necessita a portata di mano".

In questo caso, la variazione nei passaggi consiste nel fatto che l'accettazione deve essere precedente al momento del discorso. Quando arrivi nel luogo della tua presentazione, devi farlo accettando e sapendo che sarai ansioso. In questo modo l'ansia non si innescherà soltanto quando inizierai a parlare, ma sarai già pronto a sentirti nervoso. Non cercare di mantenere la calma e la compostezza. Non opporre resistenza. Sforzarti per cercare di calmarti ti farà sentire ancora più agitato e angosciato.

Quando compaiono sensazioni di ansia, lasciale fluire. Con il passare di pochi secondi tutto inizierà a calmarsi e ti sentirai più a tuo agio. Se hai un nodo alla gola e il tuo cuore batte molto velocemente o senti che la tua voce potrebbe spezzarsi, usa quell'energia in un altro modo.

Canalizza le sensazioni per ravvivare il tuo discorso. Pensa che se restassi troppo calmo e rilassato, potresti sembrare annoiato. Se trasformi il nervosismo e parli con emozione ed enfasi, sarai più convinto di ciò che stai dicendo e renderai il momento più interessante. Gesticola con le braccia, cammina e muoviti, non guardare la stessa persona per molto tempo.

Muoviti. In questo modo liberi energia.

Questa canalizzazione permetterà alla tua energia di essere esternalizzata come parte del tuo discorso invece di restare intrappolata dentro di te attaccando il tuo stomaco o facendoti sudare e agitare. Se, mentre parli, i livelli dei segnali di allarme diventano troppo alti, muoviti insieme a loro.

Corri con le sensazioni. Durante le brevi pause tra una frase e l'altra, aiutati internamente con dei pensieri "flash" come "Andiamo!" o

"Continua così!". Anche se senti di non poter continuare, fallo. Sì che puoi! Pressa l'ansia, chiedile di più (internamente), anche per brevissime frazioni di secondo.

Resta al passo con l'ansia e le paure, continua a parlare, lascia fluire l'energia, muoviti. Tutti questi fattori riusciranno, prima che tu te ne renda conto, a farti rilassare gradualmente.

Ti sarà veramente difficile gestire tutti questi strumenti mentre stai parlando. Ricorda, ogni pensiero interno deve essere gestito in frazioni di secondo. C'è sempre un momento per farlo. Credici, la tua mente è in grado di avere diversi pensieri su argomenti diversi mentre parli.

Se presti attenzione, vedrai che mentre parli e guardi qualcuno, allo stesso tempo potresti chiederti quale percezione ha quella persona di te o fare un "commento" mentale sulle loro caratteristiche fisiche.

Mentre parli, potresti chiederti se il tizio lì all'angolo sta dormendo o è distratto. Invece di focalizzare la tua mente su questi dettagli, pensa alle risposte che ti aiuterebbero a fluire insieme all'ansia e a migliorare la tua presentazione.

Non aver paura di dimenticare cosa dovresti dire o di rimanere "bloccato". La tua mente ansiosa è in costante attività e avrà sempre una via d'uscita o una connessione con un'altra nuova idea. Sei in allerta e i pensieri sono più fluidi, quindi hai una maggiore reattività. Quando meno te lo aspetti, il tuo discorso sarà già finito e ti sarai lasciato tutto alle spalle. Abbi fiducia in te stesso.

5. PAURA DEI MEDICI O DI MISURARSI LA PRESSIONE

Degli alti livelli di ansia fanno sì che alcune persone diventino ossessionate dal proprio cuore. Al momento di dover consultare un medico, si sentono molto angosciate. Se questo è il tuo caso, potrebbe essere possibile che quando ti misurano la pressione, questa sia elevata. Probabilmente è la cosiddetta "sindrome da camice bianco", ed è semplicemente la pressione alta dovuta all'ansia di consultare il medico.

In questi casi, si raccomanda di spiegare allo specialista che si sta attraversando una crisi ansiosa e che ti è necessario rilassarti prima di farti misurare la pressione.

Generalmente, il semplice fatto di condividere tali informazioni con lo specialista ti aiuta a liberare energia e ad essere più rilassato. Puoi persino descrivere al tuo medico i quattro passaggi del metodo. I medici sono sempre interessati a questi argomenti. Quando ti riprenderai, non avrai più paura della figura del medico e sicuramente questi riuscirà a farti una lettura accurata della tua pressione arteriosa.

6. IPOCONDRIA E PAURA DI MORIRE

Le persone ipocondriache spesso soffrono di ansia, ma può anche succedere che una persona ansiosa che sperimenta molti "strani sintomi" inizi a mostrare segni di ipocondria.

L'ipocondria è un disturbo che ti porta a provare un'eccessiva paura delle malattie e a pensare che qualsiasi minima sensazione o cambiamento fisico sia segno di una malattia. Gli ipocondriaci vengono di solito esaminati più volte dal medico per dimostrare loro di non avere nulla. Tuttavia, questi continuano ad avere paura che ci sia qualcosa che i medici non sono stati in grado di diagnosticare.

Se si soffre di ansia, è comune diventare un po' ipocondriaci e iniziare persino a temere la morte. Ti travolgono pensieri ansiosi come: "Perché mi fa male la testa e mi pizzicano le dita? Sarà un tumore al cervello?" Potresti rispondere con: "Se ogni volta che sento qualcosa di strano significa che ho un tumore, allora sono il paziente più resistente del mondo".

Pensare così tanto a malattie e sintomi può portarti ad avere una paura di morire ben maggiore di quella naturale. "E se avessi un infarto mentre dormo e muoio?" Puoi dirti: "Beh, almeno non me ne accorgerò." Oppure: "E allora, nessuno muore se non nel giorno in cui gli tocca. Nel frattempo, mi godrò la vita".

Dimentica le malattie. Tutto ciò che senti è il prodotto degli ormoni dello stress in eccesso. Lascia che le sensazioni vadano e vengano. Col passare del tempo, vedrai che continuerai ad ammalarti e finirai per respingere quelle paure. Per quanto riguarda il terrore di morire, dovresti sapere che la morte è inevitabile. E non puoi controllarla. Continua con la tua vita senza preoccuparti di qualcosa in cui non hai potere decisionale.

Importante: evita di cercare su Internet informazioni sui diversi "sintomi" che si verificano. I risultati ti spaventeranno di più, perché quasi ogni sensazione che apparirà sullo schermo, sarà simile al sintomo di una malattia "reale". Non alimentare le tue paure con del materiale irrilevante che non ti aiuterà affatto.

PARTE 4. SUGGERIMENTI PER RAFFORZARE IL TUO PROCESSO DI RECUPERO ED EVITARE RICADUTE

Stai per concludere il viaggio che hai intrapreso insieme a noi. Se hai seguito i nostri passaggi e le nostre tecniche, dovresti sentirti molto più sollevato rispetto a quando hai iniziato a leggere il libro. Sappiamo che la fase di recupero non è così facile e che non avverrà dall'oggi al domani, e capiamo che ogni caso particolare dovrebbe richiedere il suo tempo necessario. Ma sappiamo anche che possiamo contare sul fatto che tu abbia le capacità di recuperare e che, se sei arrivato fin qui, è sicuramente perchè hai fatto dei progressi.

Per continuare a seguire il tuo ottimo percorso, in questo breve capitolo ti daremo una serie di raccomandazioni e strumenti che dovresti utilizzare per rafforzare tutto ciò che ti abbiamo insegnato finora.

RACCOMANDAZIONI

1. Segui i quattro passaggi per ogni situazione, ma non essere rigido. **Adatta le tecniche** alla tua personalità e apporta un approccio divertente al metodo. Gioca con gli esercizi, dona umorismo al tuo processo di guarigione.

2. Fai "**piccoli passi**". Non cercare di andare troppo veloce. Non apportare improvvise modifiche. Ricorda che il passo più importante di tutti è sempre il primo. Se fai un primo passo, tutti gli altri ti verranno più facili.

3. Cerca una **persona che ti appoggi**. Se all'inizio ti senti incapace di

affrontare l'ansia o di uscire da solo dalla tua zona di comfort, puoi trovare una persona di cui ti fidi che ti sostenga e ti incoraggi ad andare avanti. Può essere il tuo partner, un amico, lo psicologo. In questo modo ti sentirai più a tuo agio, ma ricorda che non dovresti abituarti ad avere una stampella che ti accompagni per tutto il tempo. Prima o poi dovrai camminare da solo.

4. **Non sentirti frustrato** se ritieni di non stare ottenendo risultati più velocemente di quanto desideri. Alla fine, la pratica progressiva e ripetuta del metodo ti porterà al recupero. Non sforzarti e non essere impaziente. L'impazienza genera ansia, devi prendertela con calma.

5. Non essere duro con te stesso. **Non incolpare te stesso** né dovresti vergognarti di attraversare questo momento difficile. Stai dimostrando di essere forte e che dentro di te c'è un potere che non sapevi fosse lì. Usa questa esperienza per rafforzarti. Superare l'ansia non è da deboli.

6. **Lascia le stampelle**. Con questo intendiamo tutte quelle azioni, persone o oggetti senza i quali non ti senti completamente al sicuro. Ad esempio: uscire sempre accompagnati da qualcuno; prendere dei calmanti in caso di ansia; chiamare o mandare messaggi a qualcuno che ti dia un senso di sicurezza; uscire a tutti i costi con il cellulare in caso di emergenza; sottoporsi a dei costanti controlli medici per essere sicuri di non essere malati. All'inizio sono utili per uscire dalla zona di comfort, ma deve arrivare un momento in cui si rinunci a questi e si impari ad accettare che le tue sole forze siano sufficienti per darti la sicurezza di cui hai bisogno.

7. **Ama**, perdona, ringrazia. Liberati da rancori e sensi di colpa. Questi ultimi due sentimenti pesano molto e tolgono tranquillità, e tu hai bisogno di tranquillità. Perdonare, invece, ti rimuove ogni peso di dosso e ti aiuta a vivere più rilassato.

8. **Quando hai fretta**, fai le cose con più **calma** del solito. I problemi possono renderti goffo e i risultati della goffaggine generano stress. Se hai fretta, fai le cose con più attenzione e le risolverai più velocemente e senza errori. È una pratica antistress molto efficace.

9. **Bevi molta acqua.** Che ci creda o no, l'acqua dà impulsi al potenziale della tua fase di recupero. L'acqua non è solo dissetante, ma riduce anche in maniera significativa i livelli di ansia. La maggior parte delle funzioni del corpo sono correlate all'efficiente flusso di acqua attraverso il nostro sistema.

È attraverso l'acqua che ormoni, sostanze nutritive e chimiche vengono trasportate in tutto il corpo per le loro funzioni vitali. È dimostrato che se si è scarsamente idratati, con un leggero deficit di solo due bicchieri d'acqua verranno attivati i livelli di cortisolo, che è uno degli ormoni dello stress.

Cerca di consumare 8 bicchieri d'acqua al giorno, non uno dietro l'altro ma somministrati nell'arco della giornata.

10. **Stai attento a ciò che mangi.** I sintomi degli attacchi di panico e ansia assomigliano ai sintomi di quando si ha un basso livello di zuccheri nel sangue. Pertanto, per le persone ansiose è consigliabile mantenere una dieta a basso indice glicemico, ovvero consumando alimenti che mantengano costanti i livelli di zuccheri nel sangue.

Dovresti eliminare cibi ricchi di zuccheri come cioccolatini, torte, dolci, dessert, bibite e gelati. Non si tratta di torturarti eliminando tutto ciò che ti più piace, ma cercare di bilanciarti. Includi molte verdure che aiutino a purificare il tuo sistema.

11. **Evita il caffè e gli alcolici.** La caffeina e l'alcol sono sostanze stimolanti e possono produrre sensazioni simili a quelle che scatenano i tuoi ormoni dello stress. Evitali il più possibile. Se sei un assiduo bevitore di caffè, limita il consumo solo al mattino. Per quanto riguarda l'alcol, non consumarlo mai in maniera eccessiva.

L'alcol è più difficile da eliminare dal sistema, e il suo abuso può causare un'impennata dei livelli di ansia.

12. **Fai esercizio fisico**. Muovi il tuo corpo. Non troverai una "pillola" anti-depressione e anti-ansia più efficace di questa. L'esercizio fisico non è soltanto benefico per il corpo, ma anche per la guarigione della mente: rilascia dopamina, serotonina e noradrenalina, che sono i neurotrasmettitori responsabili della regolazione degli stati d'animo. È scientificamente provato.

Dedicati alla disciplina che più ti piace o che è più alla tua portata. Ricorda sempre di consultare il medico prima di fare degli esercizi intensi.

13. **Ridi!** Le risate sono uno strumento efficace per rompere gli stati ansiosi. Anche queste sono scientificamente provate. Ridere rilascia gli ormoni della "felicità" e riduce gli indici ormonali dello stress. Riduce la pressione arteriosa, aumenta il flusso sanguigno, aiuta a resistere al dolore, ossigena e stimola il cuore, i polmoni e i muscoli. Cerca delle attività divertenti, unisciti a delle persone allegre e giocose, guarda spettacoli o film comici.

14. Per completare il punto precedente, **stai alla larga** dalle notizie stressanti e dalle persone **pessimiste** e **negative** che vedono solo il lato oscuro delle cose. E se non riesci ad evitare certe persone con queste caratteristiche, non lasciarti contagiare dal loro temperamento e dai loro atteggiamenti disfattisti. Cerca sempre il lato positivo di tutto.

15. Aumenta il potenziale del tuo recupero d'ansia attraverso degli **esercizi guidati di respirazione e rilassamento**. Praticali tutti i giorni. Una delle principali cause dei segnali ansiosi è la cattiva respirazione.

Se non hai il tempo o la volontà di partecipare a sessioni di meditazione, yoga o qualsiasi disciplina che ti aiuti con questo punto, sentiti libero di cercare dei video tutorial su Internet. C'è tantissimo materiale a riguardo.

Scegli quelli che ritieni più affidabili.

Questi esercizi offrono comfort, riducono le tensioni e rilassano. Se lo fai con disciplina, dopo alcune settimane il tuo corpo avrà imparato a restare sintonizzato su un canale differente.

16. **Ripulisci** il tuo sistema di ansiolitici. Se sei andato dallo psichiatra o dallo psicologo e ti sono stati prescritti farmaci per far fronte all'ansia, dovresti tenerlo a mente: non esistono pillole magiche contro i disturbi nervosi. Se segui i passaggi di questo metodo, tutto funzionerà meglio, se liberi il tuo cervello da tutte quelle sostanze che a volte producono più danni che benefici e che possono mantenerti in uno stato di letargo. Ma fallo nel modo giusto: chiedi al tuo medico di ridurre gradualmente le dosi, fino a quando l'assunzione di farmaci non verrà completamente eliminata. Non interrompere mai in maniera improvvisa l'assunzione di pillole ansiolitiche, perché potresti soffrire di sintomi di astinenza. Si tratta di una fase di pulizia progressiva.

CONCLUSIONI E MESSAGGIO FINALE

Dopo aver percorso questa strada con noi, dovresti aver già notato qualcosa di molto importante: sei stato tu, e soltanto tu, a salvarti. Sei stato tu a portarti fuori del labirinto. Il libro è stato solo una guida, ma il potere e il controllo sono sempre stati lì, dentro di te. Noi ti abbiamo soltanto dato una spinta.

Essere consapevoli di ciò è una rivelazione di tutta l'energia liberatrice che ti porti con te. E questa forza interiore ti aiuterà per tutta la vita.

Approfitta di questa opportunità. Nota che l'ultimo passaggio del metodo è l'"'occupazione". Dedicati alla tua vita. La vita continua, qualunque cosa accada.

Ma abbiamo già raggiunto il nostro obiettivo: aiutarti a liberarti della paura e della minaccia con le quale hai convissuto fino a poco tempo fa. Questo è lo scopo di questo libro. Liberarti, proprio come abbiamo fatto noi.

Vogliamo che, da ora in poi, tu abbia una visione della vita e un atteggiamento molto più ottimistici. E non crollare se in qualsiasi momento ti senti indebolito. Sai già di possedere dentro di te i quattro passaggi che ti libereranno effettivamente dalle tue paure. Continua a fidarti di te stesso, e adesso ancora di più, visto che sei più forte di prima.

Ricorda che la tua guarigione non consiste nell'eliminare quelle sensazioni che ti hanno infuso così tanto terrore; ma adesso, quelle sensazioni, non rappresentano più alcuna minaccia per te, così da poter tornare a vivere la tua vita indipendentemente dal fatto che queste siano o meno presenti.

Probabilmente, quando leggerai queste righe ti sentirai un po' scettico e potresti non essere completamente libero dalle paure, ma se continui a fare pratica come hai fatto fino ad adesso, tutte quelle sensazioni passeranno così inosservate che alla fine svaniranno.

Ti promettiamo che ogni giorno ti sveglierai con la sensazione che il mantello dell'ansia non ti avvolgerà più come prima e che, con il passare del tempo, smetterà di coprirti completamente e che tu sarai la stessa persona che eri una volta anche se, questo sì, ben più forte.

Ora la tua arma più preziosa è la fiducia in te stesso. Fidati di te. Leggi il libro tutte le volte che ne avrai bisogno per chiudere le questioni in sospeso e comprendere le idee con più serenità.

Aiutare gli altri è sempre positivo. Se conosci qualcuno che ha bisogno di aiuto perché soffre di ansia o attacchi di panico, puoi consigliargli questo libro. Forse condividere esperienze con questo "collega" ti farà sentire meglio e ti riempirà di soddisfazione sapendo che sei stato utile a qualcuno che sta attraversando la stessa situazione che hai attraversato tu.

E qualcosa da non dimenticare: il tempo è la risorsa più preziosa. Non sprecarlo con l'ansia.

Sii felice e libero!

Come ultima cosa, ti sarei molto grata se potessi lasciare una recensione di questo libro sulla piattaforma in cui lo hai acquistato, poiché questo farà sì che altre persone possano averlo.

Grazie!